lonely planet

LO MEJOR • VIDA LOCAL • GUÍA PRÁCTICA

HONG KONG
de cerca

Piera Chen, Emily Matchar

geoPlaneta

En este libro

Guía rápida

Claves para comprender la ciudad: ayuda para decidir qué hacer y cómo

Lo esencial
Consejos para un viaje sin problemas

Barrios
Dónde está cada cosa

Explorar Hong Kong

Lo mejor para ver y hacer, barrio a barrio

Principales puntos de interés
Aprovechar al máximo la visita

Vida local
Conocer la ciudad como un residente

Lo mejor de Hong Kong

Prácticos listados para planificar el viaje

Los mejores paseos
Conocer la ciudad a pie

Lo mejor
Las mejores experiencias

Guía práctica

Trucos y consejos útiles

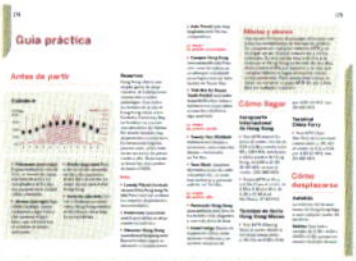

Cómo desplazarse
Viajar como un residente

Información esencial
Incluye alojamientos

Nuestra selección de los mejores sitios para comer, beber y visitar

Puntos de interés

Dónde comer

Dónde beber

Ocio

De compras

Estos símbolos ofrecen información esencial para cada recomendación:

- Números de teléfono
- Horario
- Aparcamiento
- Prohibido fumar
- Acceso a internet
- Acceso wifi
- Selección vegetariana
- Menú en inglés
- Apto para familias
- Apto para mascotas
- Autobús
- *Ferry*
- Metro
- *Subway*
- London Tube
- Tranvía
- Tren

Para encontrar rápidamente cada recomendación en los mapas de barrio:

Hong Kong de Lonely Planet

Las guías de bolsillo de Lonely Planet están diseñadas para llevar al viajero al corazón de la ciudad. Incluyen los puntos de interés más destacados y proporcionan consejos para una visita inolvidable. Con el fin de facilitar la orientación del lector, la ciudad se divide en barrios y se incluyen mapas de fácil lectura. Nuestros expertos autores han buscado lo mejor del lugar –paseos, comida, vida nocturna y compras, entre otras sugerencias–, y las páginas de "Vida local" llevan a las zonas más atractivas y auténticas. También se incluyen consejos prácticos, necesarios para un viaje sin problemas: itinerarios para hacer visitas breves, cómo desplazarse y cuánta propina dejar. Esta guía es toda una garantía para disfrutar de una experiencia fantástica.

Nuestro compromiso

El viajero puede confiar en esta guía, ya que los autores de Lonely Planet visitan los lugares sobre los que escriben en cada edición y nunca aceptan ningún tipo de obsequio a cambio de reseñas positivas.

Guía rápida 7

Principales puntos de interés 8
Vida local 12
Un plan para cada día 14
Lo esencial 16
Barrios 18

Explorar Hong Kong 21

22 Isla de Hong Kong: Central y Sheung Wan
44 Isla de Hong Kong: Lan Kwai Fong y Soho
60 Isla de Hong Kong: Admiralty, Wan Chai y Causeway Bay
82 Isla de Hong Kong: Aberdeen y el sur
94 Kowloon: Tsim Sha Tsui
112 Kowloon: Yau Ma Tei y Mong Kok
128 Excursión a Macao

Merece la pena:

Pico Victoria 42
Templo de Sik Sik Yuen Wong Tai Sin 124
Buda Tian Tian 126

Lo mejor de Hong Kong 143

Los mejores paseos

El barrio mayorista de Hong Kong ... 144
Las calles olvidadas de Wan Chai ... 146
Tsim Sha Tsui ... 148

Lo mejor

Vistas ... 150
Templos ... 151
Arquitectura ... 152
Museos y galerías ... 154
Parques y jardines ... 155
De compras ... 156
Mercados ... 158
Actividades ... 159
Cenas selectas ... 160
Comida económica y de calle ... 162
'Dim Sum' ... 164
Cultura ... 165
Dónde beber y vida nocturna ... 166
Comunidad homosexual ... 168
Ocio ... 169
Para niños ... 170
Hong Kong gratis ... 172

Guía práctica 173

Antes de partir ... 174
Cómo llegar ... 175
Cómo desplazarse ... 176
Información esencial ... 177
Idioma ... 181

Guía rápida

Principales puntos de interés 8
Vida local 12
Un plan para cada día 14
Lo esencial 16
Barrios 18

Bienvenidos a Hong Kong

Hong Kong atrae y desconcierta, como la trama de uno de sus premiados *thrillers*. Tras la fachada futurista de la ciudad se ocultan templos humeantes, playas de surf y amplios parques verdes con ganado. Hong Kong acelera y apacigua el pulso a la vez, gracias al imperio de la ley, un sistema de transporte insuperable y los mejores *dim sum* del mundo.

El centro de Hong Kong al anochecer.
COLOURSINMYLIFE/SHUTTERSTOCK ©

Principales puntos de interés

Star Ferry (p. 24)

El trayecto en esta legendaria flota de ferris, que dura 15 min y cuesta 2,50 HK$, ofrece vistas del perfil urbano de la costa y las aguas de Victoria Harbour. Quizá sea uno de los paseos en barco con mejor relación calidad-precio del mundo.

DANIEL FUNG/SHUTTERSTOCK ©

Paseo marítimo de Tsim Sha Tsui Este (p. 96)

Este paseo bañado por las olas es "el lugar" para gozar de las típicas vistas de Hong Kong: rascacielos geométricos que se elevan entre colinas color esmeralda y un puerto azul zafiro surcado por los barcos.

Pico Victoria (p. 42)

El Peak Tram cubre el trayecto más antiguo y emocionante de Hong Kong: sube casi derecho hasta la cima y la Peak Tower, y ofrece unas vistas dignas de postal de la ciudad y el puerto.

Edificio HSBC (p. 26)

Obra del reputado arquitecto británico Norman Foster, este logro de la alta tecnología en cristal y acero es uno de los iconos de Hong Kong y sede del HSBC.

PETE SEAWARD/LONELY PLANET ©

Templo de Man Mo (p. 28)

Templo taoísta que cautiva por su historia agridulce y su ambiente humeante perfumado por las varas de incienso que cuelgan del techo como setas invertidas.

PETE SEAWARD/LONELY PLANET ©

KEONGDAGREAT/GETTY IMAGES ©

Ruinas de la iglesia de San Pablo (p. 130)

El edificio más famoso de Macao es esta fachada con elaborados relieves y esculturas. Formaba parte de una iglesia jesuita que fue construida en el s. XVII.

BENNY MARTY/SHUTTERSTOCK ©

Parque de Hong Kong (p. 64)

Es uno de los parques más inusuales del mundo. En él destacan creaciones como la plaza con fuentes, el invernadero, los estanques y las cascadas artificiales, el parque infantil y el jardín de taichí.

Mercado nocturno de Temple Street (p. 114)

Vende de todo, desde despertadores hasta dagas enjoyadas, mientras los adivinos atraen a sus clientes desde carpas con poca luz.

TUNGCHEUNG/SHUTTERSTOCK ©

Hipódromo de Happy Valley (p. 62)

Aunque no se apueste, asistir a una trepidante tarde de miércoles en este hipódromo urbano es una de las experiencias más intensas de Hong Kong.

TIM MARTIN/GETTY IMAGES ©

LONELY PLANET/GETTY IMAGES ©

Templo de Sik Sik Yuen Wong Tai Sin (p. 124)

Este templo tan concurrido está dedicado a un curandero que podía convertir las ovejas en rocas. Se pueden ver rituales taoístas o visitar a un adivino.

EVGENIA BOLYUKH/SHUTTERSTOCK ©

Buda Tian Tan (p. 126)

El Gran Buda es el buda sedente exterior de bronce más grande del mundo. Esta impresionante figura corona una colina de la isla de Lantau y es visible al llegar a Hong Kong en avión un día despejado.

Vida local

Consejos para conocer la ciudad auténtica

El viajero puede vivir Hong Kong como un lugareño explorando los bares de moda, las mejores playas, las sendas de montaña y los pequeños caprichos que conforman el día perfecto de un hongkonés.

De bares por LKF y Soho (p. 46)

▶ Los alegres años sesenta
▶ Activistas locales

Bares frecuentados por los fiesteros más famosos de Hong Kong: a veces la máxima atracción es su curioso público o el mural de un artista local; pero en general atraen porque solo pueden existir aquí.

Un respiro en Wan Chai (p. 66)

▶ Compras
▶ Abuelas hechiceras

En el barrio antiguo de Wan Chai abundan las ofertas para que los hongkoneses que trabajan duro recuperen la paz mental comprando *gadgets*, saboreando comida o resolviendo problemas con la hechicería popular.

De playa en playa por el sur de la isla (p. 84)

▶ Mercado de Stanley
▶ Middle Bay y South Bay

Con playas que van de oeste a este, la costa sur de la isla de Hong Kong ofrece un bazar costero, un paseo marítimo panorámico, surf y kayak, arena fina y aguas limpias.

Explorar las islas de Taipa y Coloane (p. 132)

▶ Taipa
▶ Casas de pilotes de Coloane

Casas sobre pilotes, templos de carretera, capillas apiñadas en callejones y museos frente al mar –todo ello en un radio de diez pasos de la tentadora comida macaense– componen el paisaje de las islas de Taipa y Coloane, en Macao.

TUNGCHEUNG/SHUTTERSTOCK ©

Mercado de Stanley (p. 85).

Capilla de San Francisco Javier, Coloane (p. 133).

ASIATRAVEL/SHUTTERSTOCK ©

Otras joyas escondidas:

Hong Kong LGBT (p. 56)

Mercados de Wan Chai (p. 79)

Street Music Concert Series (p. 77)

Circuitos en junco (p. 88)

Circuito por una granja láctea (p. 90)

Kowloon multicultural (p. 105)

La península del hombre pobre (p. 110)

Tatuarse en Hong Kong (p. 118)

Un plan para cada día

Primer día

Se toma el legendario Peak Tram al **pico Victoria** (p. 42) para disfrutar de las vistas de la ciudad. Después se baja y se da un paseo hasta Sheung Wan, entre tiendas de marisco desecado, antigüedades y los cafés de moda. Se puede visitar el **templo de Man Mo** (p. 28), uno de los centros de culto más importantes de Hong Kong y ejemplo de su patrimonio chino-colonial. Destacan la vieja tienda de ataúdes y los locales *hipster* de **Tai Ping Shan Street** (p. 144).

Hay que montar en uno de los **Star Ferry** (p. 176) rumbo a Kowloon. Se puede gozar de las vistas del puerto a lo largo del **paseo marítimo de Tsim Sha Tsui Este** (p. 96) y pasear hasta el **Museo de Historia** (p. 99) para conocer el contexto de lo visto durante el día.

Tómese el tranvía a **Soho** para ir de copas, bailar y escuchar música en directo. Se puede ir a **Senses 99** (p. 55) a ver si hay concierto o presumir de dotes de guitarrista o batería.

Segundo día

Hay que vivir la naturaleza (nada salvaje) en el **parque de Hong Kong** (p. 64), visitar el **Museo de Utensilios de Té** (p. 65) y recorrer Queen's Rd East para ver los puntos de interés y las calles de esta parte de **Wan Chai** (p. 146). Se toma el tranvía a **Causeway Bay** para ir de compras a las tiendas especializadas de **Caroline Haven** (p. 73).

Se puede echar un vistazo en **Chungking Mansions** (p. 110) y relajarse viendo pasar gente en el **paseo marítimo de Tsim Sha Tsui Este** (p. 96) si la construcción ha terminado. Si se viaja con niños, hay que ir al **Middle Road Children's Playground** (p. 102) antes de tomar el té en el **Peninsula** (p. 100); si hay cola, se puede ir al **InterContinental Lobby Lounge** (p. 109), con vistas al puerto. Después, es buena idea ir en autobús al norte, a **Yau Ma Tei,** y ver el **templo de Tin Hau** (p. 118), el **mercado de jade** (p. 122) y las tiendas de **Shanghai Street.**

En el **mercado nocturno de Temple Street** (p. 114) 'adivinan' el futuro y hay ópera cantonesa. Después se puede ir al carismático **Butler** (p. 108) a tomar un cóctel japonés.

¿Hay poco tiempo?

Estos itinerarios han sido creados para aprovechar al máximo el tiempo disponible para conocer lo mejor de la ciudad.

Tercer día

En autobús lleva a **Aberdeen** para pasear en barco por el cautivador Aberdeen Harbour. Después, se va de compras (muebles de diseño y ropa de marca a precios de ganga) a **Horizon Plaza** (p. 93), en la isla de Ap Lei Chau. Varias tiendas de muebles de la zona sirven café y tarta. Los sábados se puede visitar la fábrica de cerveza de Hong Kong, **Young Master Ale** (p. 88).

Tras el almuerzo, se toma el MTR a Wong Tai Sin para visitar el **templo de Sik Sik Yuen Wong Tai Sin** (p. 124). Este templo taoísta destaca por sus tejados y pilares ornamentados, el puente en zigzag y el ambiente perfumado de incienso. También se puede 'conocer' el futuro con una varita de la suerte; hay lectores que interpretan los papelitos.

Aqua (p. 108), en Tsim Sha Tsui, ofrece una noche de *glamour* con vistas. En **Amuse** (p. 108) se junta la juventud de la zona. Tras unas copas, ya de noche, el pollo frito al estilo coreano en **Chicken**. **HOF & Soju Korean** (p. 105) será música para los oídos del viajero.

Cuarto día

Se toma un barco temprano a Macao y se va en autobús o taxi a la legendaria **Lung Wah Teahouse** (p. 140) a desayunar *dim sum*. Es buena idea comprar té a granel antes de irse y visitar el vecino **Red Market** (p. 139). Pasear por la zona cultural del **norte de la península de Macao** (p. 136) permite 'quemar' el desayuno. En el **barrio de la iglesia de San Lázaro** (p. 137), de calles adoquinadas, abundan las tiendas de diseñadores y se pueden comprar recuerdos.

Se visita el histórico edificio **Leal Senado** (p. 136), frente a Largo do Senado, y se pasea por Rua Central para ver el **centro histórico de Macao,** catalogado por la Unesco, y las **ruinas de la iglesia de San Pablo** (p. 130) mientras se comen pastelitos portugueses de huevo y galletas de almendras. Es buena idea ir al encantador pueblo de **Taipa** (p. 132).

No hay que perderse el nuevo complejo de casinos de **Studio City** (p. 140) y probar suerte en las mesas o pedir una copa en el bar. Después, se regresa a la península de Macao y se toma el ferri de vuelta a Hong Kong.

Lo esencial

Para más información, véase 'Guía práctica' (p. 173)

Moneda
Dólar hongkonés (HK$) en Hong Kong, pataca (MOP) en Macao.

Idioma
Cantonés, inglés y mandarín. En Macao, también portugués.

Visados
Los ciudadanos de EE UU y la Unión Europea no los necesitan para estancias de hasta 30 días.

Dinero
Abundan los cajeros automáticos. La mayoría de hoteles y restaurantes aceptan tarjetas de crédito; algunos sitios económicos solo aceptan efectivo.

Teléfonos móviles
Los teléfonos compatibles GSM funcionan en Hong Kong. Hay que activar el *roaming* o comprar una SIM local si se va a usar mucho el móvil. Para llamadas internacionales directas (IDD), es mejor comprar una tarjeta en tiendas PCCW o colmados.

Hora local
La hora de Hong Kong (GMT/UTC más 8 horas). No hay horario de verano.

Propinas
En taxis, se redondea hasta el siguiente dólar. Muchos restaurantes añaden un 10% a la cuenta en concepto de servicio.

1 Antes de partir

Presupuesto diario

Económico: menos de 800 HK$

- Pensión: 180-450 HK$
- Comer en una *cha chaan tang* (tetería): 60-150 HK$
- Trayecto en autobús, tranvía, ferri: 2,50-15 HK$

Medio: 800-1800 HK$

- Habitación doble en hotel económico: 550-1100 HK$
- Cena china, tres platos: 350 HK$
- Copas y música en directo: 300 HK$

Alto: más de 1800 HK$

- Habitación doble en hotel de cuatro estrellas u hotel-*boutique*: 2000 HK$
- Cena en un restaurante chino selecto: desde 800 HK$

Webs

- **Lonely Planet** (www.lonelyplanet.com/hong-kong, www.lonelyplanet.com/china/macau) Información, reservas, etc.
- **Discover Hong Kong** (www.discoverhongkong.com) Web oficial de turismo en español.
- **Hong Kong Observatory** (www.hko.gov.hk) Información del tiempo.

Con antelación

Dos meses antes Ver fechas de festivales; reservar alojamiento, entradas de espectáculos y mesa en los mejores restaurantes.

Un mes antes Reservar entradas de festivales alternativos y mesa en los restaurantes más populares.

Dos semanas antes Reservar cruceros del puerto; activar avisos de correo electrónico para eventos.

2 Cómo llegar

Volar al aeropuerto internacional de Hong Kong (HKIA; www.hongkongairport.com) o cruzar la frontera en Lo Wu o Lok Ma Chau desde Shenzhen, en China continental, en autobús o tren (www.mtr.com.hk).

Los centros de atención al cliente del HKIA (vestíbulo de llegadas, 7.00-23.00; vestíbulo de salidas, 5.00-1.00) ofrecen planos; hay mostradores de bancos y cambio de divisas; cajeros automáticos y teléfonos. En los mostradores del vestíbulo de llegadas se reservan alojamiento y vehículos de alquiler. La consigna (5.30-1.30) está en la planta 3 de la Terminal 2.

Desde el HKIA

Destino	Mejor transporte
Central	Airport Express; Air Bus A11
Sheung Wan, Wan Chai, Causeway Bay	Airport Express y después un taxi; Air Bus A11
Aberdeen y el sur	Air Bus A10
Tsim Sha Tsui, Yau Ma Tei, Mong Kok	Airport Express y después un taxi; Air Bus A21

Desde Lo Wu y Lok Ma Chau

Destino	Mejor transporte
Admiralty, Central, Tsim Sha Tsui	Líneas MTR East Rail a la Kwun Tong a la Tsuen Wan
Wan Chai, Causeway Bay	Cambio en Admiralty a la línea Island
Yau Ma Tei, Mong Kok	Línea MTR East Rail a la Kwun Tong
Sheung Wan y Sai Ying Pun	MTR a Sheung Wan, cambio a la línea West Island

3 Cómo desplazarse

La Mass Transit Railway (MTR) de Hong Kong y una completa red de autobuses permiten desplazarse a casi todas partes. Una Octopus Card de prepago sirve para la mayoría del transporte público. Las estaciones MTR venden pases de un día (adultos/niños 65/45 HK$) con viajes ilimitados en la red MTR.

Taxi

No son caros. Casi todos los taxis son rojos; los verdes operan en los Nuevos Territorios; los azules, en la isla de Lantau. Todos usan taxímetro.

MTR

La Mass Transit Railway (MTR) de Hong Kong abarca casi toda la ciudad y es la forma más fácil de desplazarse. Casi todas las líneas funcionan de 6.00 a 24.00.

Autobús

Bastante rápidos, indispensables allí donde no llega la MTR y para viajar después de medianoche.

Tranvía

Trayectos lentos y panorámicos por la franja norte de la isla de Hong Kong, de 6.00 a 24.00.

Ferri

La flota Star Ferry une la isla de Hong Kong y la península de Kowloon vía Victoria Harbour. También hay ferris entre Central y las islas periféricas.

Barrios

Isla de Hong Kong: Lan Kwai Fong y Soho (p. 44)
Galerías de arte, bares elegantes y la misma vida local desde hace décadas alegran las calles del epicentro 'fiestero' de Hong Kong.

Isla de Hong Kong: Central y Sheung Wan (p. 22)
Central: altas finanzas y alta costura; Sheung Wan: templos, antigüedades, marisco seco y productos funerarios.

Principales puntos de interés

- Star Ferry
- Edificio HSBC
- Templo de Man Mo

Excursión a Macao (p. 128)

Principales puntos de interés

- Ruinas de la iglesia de San Pablo

Isla de Hong Kong: Admiralty, Wan Chai y Causeway Bay (p. 60)
Admiralty tiene un polvorín restaurado; Wan Chai bulle de actividad con sus mercados, vida nocturna y cocinas multilingües; en Causeway Bay compran los que venden.

Principales puntos de interés

- Hipódromo de Happy Valley
- Parque de Hong Kong

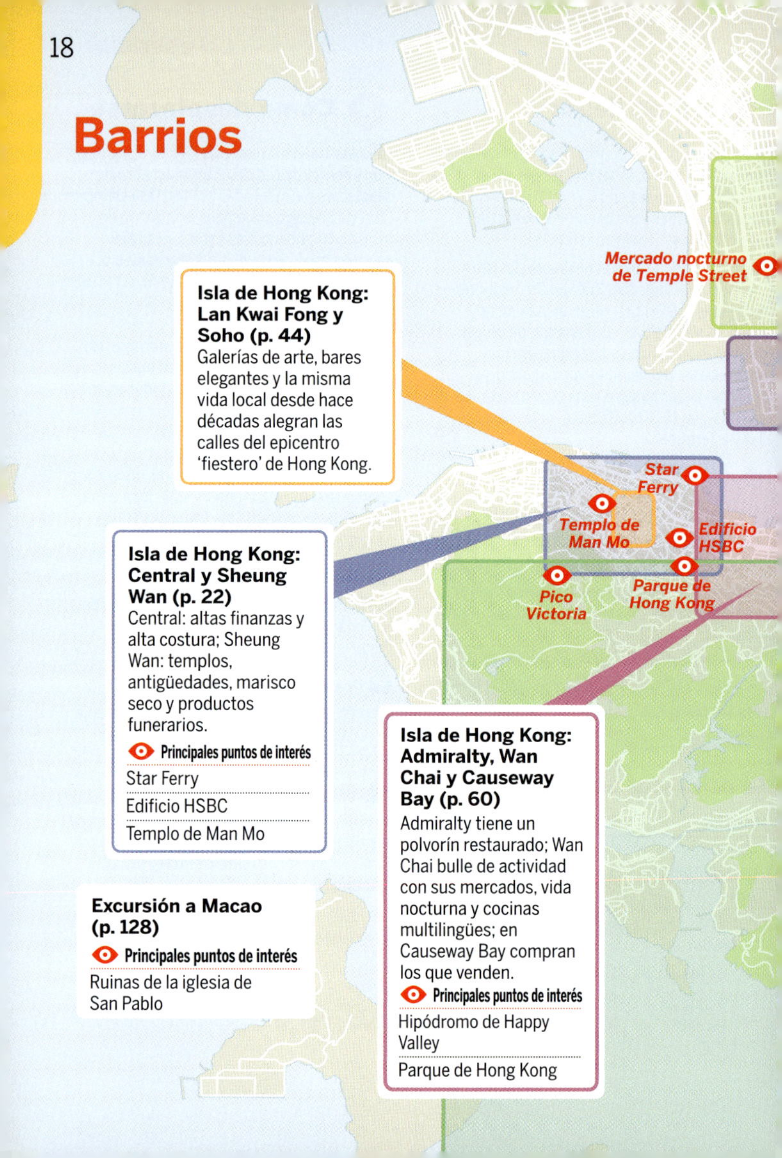

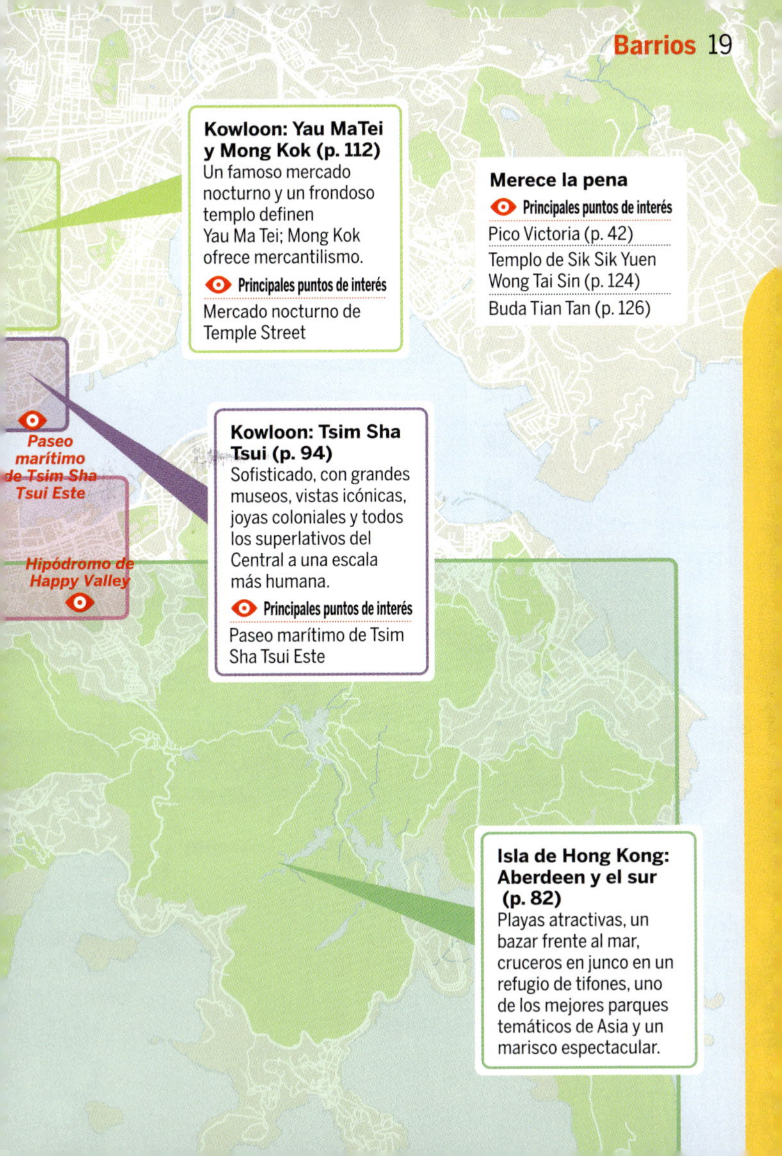

Kowloon: Yau MaTei y Mong Kok (p. 112)

Un famoso mercado nocturno y un frondoso templo definen Yau Ma Tei; Mong Kok ofrece mercantilismo.

Principales puntos de interés

Mercado nocturno de Temple Street

Merece la pena

Principales puntos de interés

Pico Victoria (p. 42)

Templo de Sik Sik Yuen Wong Tai Sin (p. 124)

Buda Tian Tan (p. 126)

Kowloon: Tsim Sha Tsui (p. 94)

Sofisticado, con grandes museos, vistas icónicas, joyas coloniales y todos los superlativos del Central a una escala más humana.

Principales puntos de interés

Paseo marítimo de Tsim Sha Tsui Este

Isla de Hong Kong: Aberdeen y el sur (p. 82)

Playas atractivas, un bazar frente al mar, cruceros en junco en un refugio de tifones, uno de los mejores parques temáticos de Asia y un marisco espectacular.

168號1樓
GALA PLACE
家樂坊
A mark of true design
MIDO
SWISS WATCHES SINCE 1918
Mr.Mr.
LONGINES
All from Fabrics
All for Your Needs
NaRaYa
瑞草軒中藥行
BUS
STOP
巴士
站

Explorar
Hong Kong

Isla de Hong Kong: Central y Sheung Wan 22

Isla de Hong Kong: Lan Kwai Fong y Soho 44

Isla de Hong Kong: Admiralty, Wan Chai y Causeway Bay 60

Isla de Hong Kong: Aberdeen y el sur 82

Kowloon: Tsim Sha Tsui 94

Kowloon: Yau Ma Tei y Mong Kok 112

Excursión a Macao 128

Merece la pena

Pico Victoria 42

Templo de Sik Sik Yuen Wong Tai Sin 124

Buda Tian Tian 126

Mong Kok (p. 112)
LITTLEWORMY/SHUTTERSTOCK ©

Explorar

Isla de Hong Kong: Central y Sheung Wan

El corazón empresarial de Hong Kong, el Central, es una mezcla embriagadora de *boutiques* de grandes marcas, restaurantes *gourmet*, catedrales corporativas y edificios históricos (incluida una catedral de las de verdad). Más interesante para explorar resulta Sheung Wan, donde resuena el eco del Hong Kong antiguo con sus tiendas tradicionales, deliciosos templos y las empinadas "calles escaleras".

Lo mejor en un día

Los días laborables conviene evitar la MTR en hora punta (7.30-9.00). Se recomienda visitar el **templo de Man Mo** (p. 28) y los templos de Tai Ping Shan St, y ver a los ancianos encender sus barritas de incienso. Después, es buena idea explorar el barrio y evitar el gentío que almuerza de 12.00 a 14.00 yendo a comer temprano al City Hall Maxim's Palace (p. 35), antes de visitar el **Museo Marítimo** (p. 32).

En el **Museo Liangyi** (p. 33) se puede admirar mobiliario chino clásico (con cita previa). Después, es interesante echar un vistazo a las curiosidades de **Cat Street** (p. 34). Las dos horas siguientes pueden dedicarse a contemplar la arquitectura moderna y colonial de Central a la luz del atardecer, antes de ir de compras a un centro comercial.

Para cenar, se puede ir a **The Boss** (p. 36) y, después, de copas a **Quinary** (p. 55).

Principales puntos de interés

Star Ferry (p. 24)

Edificio HSBC (p. 26)

Templo de Man Mo (p. 28)

Lo mejor

Restaurantes

City Hall Maxim's Palace (p. 35)

Lung King Heen (p. 37)

The Boss (p. 36)

Vistas

Torre del Bank of China (p. 32)

Two IFC (p. 35)

Cómo llegar

Metro Central Station (líneas Island y Tsuen Wan); estación Hong Kong (Airport Express); estación Sheung Wan (línea Island).

Autobús Los Island buses paran en la terminal de autobuses de Central (Exchange Square); el autobús nº 26 une Central y Sheung Wan.

Tranvía A lo largo de Des Voeux Rd Central y Des Voeux Rd West.

Star Ferry De Tsim Sha Tsui a Central Pier 7.

Principales puntos de interés
Star Ferry

Un viaje a Hong Kong no está completo sin un paseo a bordo de un Star Ferry, la legendaria flota de embarcaciones diésel-eléctricas con nombres como *Morning Star* y *Twinkling Star*. El trayecto, de 10 min, con fascinantes vistas de los rascacielos y las montañas, debe de ser uno de los paseos en barco con mejor relación calidad-precio del mundo. Al final, se puede ver cómo se lanza una cuerda de cáñamo que se atrapa con un gancho para atracar, como se hacía en 1888, cuando fondeó el primer barco.

天星小輪

plano p. 31, G1

852 2367 7065

www.starferry.com.hk

adultos 2,50-3,40 HK$, niños 1,50-2,10 HK$

cada 6-12 min, 6.30-23.30

M Hong Kong, salida A2

Las estrellas de Star Ferry

En 1888 Dorabjee Nowrojee, un parsi de Bombay, fundó Star Ferry. Por aquel entonces la mayoría de los lugareños cruzaban el puerto a bordo de juncos. Nowrojee tenía un barco de vapor para su uso personal, que acabó convirtiéndose en el primer Star Ferry. Los parsis practican el zoroastrismo, una religión persa, y la estrella de cinco puntas del logotipo de los ferris es en realidad un antiguo símbolo zoroástrico.

Terminal de Kowloon

En 1910 se construyó la vía férrea Kowloon-Cantón cerca de la terminal de Kowloon, uniendo Hong Kong y el continente. El día de Navidad de 1941 el gobernador colonial tomó el ferri hacia Tsim Sha Tsui y se rindió a los japoneses en la península. Todavía se ve la **torre del Reloj** (前九廣鐵路鐘樓; vestíbulo de Star Ferry en Tsim Sha Tsui, Tsim Sha Tsui; Star Ferry, M East Tsim Sha Tsui, salida J) de la estación de trenes original.

En 1966 miles de personas se concentraron en el muelle de Tsim Sha Tsui para protestar por un posible aumento de 5 centavos en el precio del billete. La protesta derivó en disturbios por toda Nathan Rd y hoy está considerada como la pionera de las protestas sociales que dieron paso a las reformas coloniales.

Los muelles

El muelle actual es una anodina réplica eduardiana que sustituyó al antiguo Edinburgh Pl, que tenía una torre con reloj. El viejo fue derribado a pesar de la ferviente oposición de los hongkoneses. El muelle de Kowloon permanece intacto.

☑ Consejos

- Sentarse en el lado derecho del ferri cuando este va en dirección a Tsim Sha Tsui para gozar de las mejores vistas.
- Pagar un poco más para viajar en la cubierta superior: las vistas son mejores y hay menos humo.
- Subir al ferri en Tsim Sha Tsui con rumbo a Hong Kong justo después de las 20.00 da asientos de primera fila para el espectáculo de luces Symphony of Lights.

Una pausa

- Comer *dim sum* en Tim Ho Wan (p. 38) antes o después del trayecto (de 8 min).

Principales puntos de interés
Edificio HSBC

La espectacular sede del banco HSBC, diseñada por el británico Norman Foster en 1985, es una obra maestra de la precisión y la innovación. Recién terminado, fue el edificio más caro del mundo (costó 1000 millones de dólares). Con sus 52 plantas, refleja el deseo del arquitecto por crear áreas de espacio público y privado y romper el molde de la arquitectura de bancos. Con un moderno sistema de iluminación, el edificio conserva todo su esplendor por la noche.

滙豐銀行總行大廈

plano p. 31, F4

www.hsbc.com.hk

1 Queen's Rd, Central

entrada gratis

escaleras mecánicas 9.00-16.30 lu-vi, 9.00-12.30 sa

M Central, salida K

Stephen y Stitt
Los dos leones de bronce de la entrada principal fueron creados para la antigua sede en 1935. Se llaman Stephen –el que ruge– y Stift por dos empleados del banco de la época. Los japoneses los usaron para sus prácticas de tiro durante la ocupación; todavía se aprecian las señales de la metralla. Dicen que frotarles las garras trae buena suerte.

'Feng shui'
El edificio está repleto de ejemplos de buen *feng shui* (geomancia china). No hay ninguna estructura que bloquee las vistas a Victoria Harbour, ya que el agua se asocia a la prosperidad. Las escaleras mecánicas simbolizan los bigotes de un dragón que absorben la riqueza hacia su tripa; están construidas en ángulo con la entrada para desorientar a los malos espíritus, que solo pueden desplazarse en línea recta.

Iluminación
Al edificio de cristal y aluminio se le incorporó, 18 años después de su construcción, una instalación de 700 luces, incluidos fluorescentes que cambian de color. El proyecto, con un coste de 5,5 millones de dólares, garantiza que el edificio sea espectacular de noche y de día.

Atrio
El atrio, en la tercera planta, tiene cascadas vegetales que se precipitan desde varias plantas. No existe un sitio más bonito donde cambiar divisas.

☑ Consejos
▶ Las grúas del tejado se colocaron para contrarrestar el mal *feng shui* provocado por el vecino edificio del Bank of China, en forma de cuchillo.

▶ Con un vistazo al atrio público del banco es posible saber si hay alguna polémica política en la ciudad; es un sitio popular para manifestarse.

Una pausa
▶ Tomar una copa con vistas millonarias del edificio HSBC en la terraza de Sevva (p. 38), al otro lado de la calle.

Principales puntos de interés
Templo de Man Mo

Declarado monumento, este templo es uno de los más antiguos de Hong Kong y está dedicado al dios de la literatura (Man), que sostiene un pincel caligráfico, y al dios de la guerra (Mo), que empuña una espada. Construido por mercaderes chinos en 1847 durante la dinastía Qing, en el s. XIX también era un tribunal de justicia local en un momento de escasa confianza entre la población china local y los colonialistas. El Gobierno colonial aceptaba los juramentos realizados en este templo taoísta (en un ritual en el cual se decapitaba un gallo).

文武廟

plano p. 30, C3

852 2540 0350

124-126 Hollywood Rd, Sheung Wan

entrada gratis

8.00-18.00

26

Incienso en el templo de Man Mo.

Frente a la entrada principal
Destacan cuatro placas doradas que se usaban en las procesiones. Dos de ellas describen la adoración de los dioses, otra pide silencio y respeto, y la última advierte a las mujeres con la regla que se alejen del vestíbulo principal porque la sangre 'profana' los rituales.

Vestíbulo principal
Alberga dos sillas de manos doradas para transportar las estatuas de las deidades durante los festivales. Suspendidas del techo, como extrañas setas en un jardín al revés, cuelgan hileras de varas de incienso.

Lit Shing Kung
Junto al vestíbulo principal se halla el palacio de los santos, de la misma época que el templo. Es un lugar de culto para otras deidades budistas y taoístas, incluida la diosa de la misericordia y los Tai Sui, los 60 generales celestiales, cada uno de los cuales representa un año concreto en el ciclo de 60 años.

Kung Sor
El nombre de esta sala se traduce como "lugar público de encuentro". Solía funcionar como un tribunal de justicia para resolver disputas de la comunidad china antes de la adopción del sistema judicial moderno. En la entrada, un verso pide a los visitantes que dejen fuera sus intereses personales y sus prejuicios.

☑ Consejos

▶ A la derecha del altar principal hay varas de la fortuna; hay que tomar una, sacudirla despacio y después leer la buenaventura en el libro (en inglés).

▶ Como en todos los templos chinos, no hay que pisar el umbral elevado de la puerta, hay que pasar por encima; sirve para ahuyentar a los malos espíritus.

✗ Una pausa

▶ Relajarse con una taza de té en **Teakha** (茶家; ☎852 2858 9185; http://teakha.com; tienda B, 18 Tai Ping Shan St, Sheung Wan; ⏰11.00-19.00 ma-do; 📶; 🚌26).

A
B
C
D
1
2
3
4
5
Terminal de ferri Hong Kong-Macao
Connaught Rd West
Des Voeux Rd West
Shun Tak Centre
Connaught Rd Central
Wilmer St
Sutherland St
Ko Shing St
Bonham Strand West
Wing Lok St
New Market St
Wan Kei Ho International Martial Arts Association
Sheung Wan
8
23
Queen's Rd West
Hospital Rd
Parque de Hollywood Road
SHEUNG WAN
Morrison St
24
Hillier St
Man Wa La
Wing Lok St
Bonham Strand East
Hollywood Rd
New St
13
Wa La
Cleverly St
Pak Sing Ancestral Hall
4
12
Sai St
Tung St
Museo Liangyi
25
Jervois St
Wing Wo St
Po Yan St
Pound La
Tai Ping Shan St
5
Cat Street
7
Tank La
Gough St
20
Po Hing Fong
Templo de Man Mo
Peel St
Gage St
Breezy Path
21
Ladder St
Bridges St
Bonham Rd
Wing Lee St
Shing Wong St
Aberdeen St
Hollywood Rd
Seymour Rd
Staunton St
26
Park Rd
Castle Rd
SOHO
Old Bailey St
Conduit Rd
Peel St
Elgin St
Robinson Rd
Shelley St
Caine Rd
Chancery La
Parque de Pok Fu Lam
Leung Fai Tce
Mosque St
Mosque Jct
MID-LEVELS
Reseñas en:
Principales puntos de interés p. 24
Puntos de interés p. 32
Dónde comer p. 35
Dónde beber p. 38
De compras p. 38
EL PICO
N
0
400 m

E
F
G
H
1
2
3
4
5
Muelle 1
Muelle 2
Muelle 3
Ferris a Lamma
Muelle 4
Ferris a Cheung Chau
Muelle 5
Ferris a Lantau y Peng Chau
Muelle 6
Star Ferry
Muelle 7
VICTORIA HARBOUR
3 Museo Marítimo de Hong Kong
Muelle 8
Muelle 9
Government Pier
Man Chiu St
Man Po St
Man Kwong St
Pier Rd
15
17
Finance St
10 Two International Finance Centre
Gilman St
Gilman's Bazaar
Des Voeux Rd Central
Hong Kong (Estación de Airport Express)
19
Man Cheung St
Harbour View St
CENTRAL
Jubilee St
Victoria St
Man Yee La
Cochrane St
Wellington St
Queen's Rd Central
Li Yuen St West
Li Yuen St East
Chiung Lung St
Stanley St
16
Theatre La
Man Yiu St
Connaught Place
Lung Wui Rd
Edinburgh Pl
Jardín Connaught
Memorial Gardens
11
Connaught Rd Central
Central
LAN KWAI FONG
Wo On La
18
Ice House St
Statue Square
22
6
Chater Rd
Harcourt Rd
Murray Rd
Lambeth St
Antiguo edificio del Consejo Legislativo
1
Jardín Chater
Arbuthnot Rd
Wyndham St
27
29
28
Edificio HSBC
Duddell St
Ice House St
Queen's Rd Central
Glenealy
Albert Rd
Lower Albert Rd
Jardín Cheung Kong
2 Torre del Bank of China
Battery Path
9
Catedral de San Juan
Queensway
Cotton Tree Dr
Upper Albert Rd
Albany Rd
Robinson Rd
Garden Rd
Peak Tram Lower Terminus
Parque de Hong Kong
Kennedy Rd
14

Puntos de interés

Antiguo edificio del Consejo Legislativo — EDIFICIO HISTÓRICO

1 plano p. 30, G4

El edificio (c. 1912), se construyó con granito de la isla de Stonecutters y funcionó como sede del Consejo Legislativo entre los años 1985 y 2012. Durante la II Guerra Mundial fue el cuartel general de la Kempeitai, la versión japonesa de la Gestapo, y en él se ejecutó a mucha gente. Corona el frontón una estatua de Themis, la diosa griega de la justicia, con los ojos vendados. (前立法會大樓; 8 Jackson Rd, Central; MCentral, salida G)

Torre del Bank of China — EDIFICIO DESTACADO

2 plano p. 30, G4

Esta impresionante torre de 70 plantas, diseñada por I. M. Pei, se alza como un cubo y se estrecha de forma gradual, de cuarto en cuarto, hasta quedar solo el cuarto que mira al sur. Algunos creen que los cuatro prismas son símbolos negativos pero los triángulos les contradicen: dinero, unión y perfección. (中銀大廈, Torre del BOC; 1 Garden Rd, Central; MCentral, salida K)

Museo Marítimo de Hong Kong — MUSEO

3 plano p. 30, H2

Su traslado y ampliación lo han convertido en uno de los museos más sólidos de la ciudad, con 15 galerías que detallan más de 2000 años de historia marítima china y el desarrollo del puerto de Hong Kong. Entre las exposiciones destacan la dedicada a la cerámica del antiguo comercio marítimo de China, tesoros de naufragios e instrumental náutico. Un rollo ilustrado que describe la piratería en China a principios del s. XIX es una de las piezas más importantes. (香港海事博物館; 852 3713 2500; www.hkmaritimemuseum.org; Central Ferry Pier 8, Central; adultos/niños y sénior 30/15 HK$; 9.30-17.30 lu-vi, 10.00-19.00 sa y do; ; MHong Kong, salida A2)

Salón ancestral de Pak Sing — TEMPLO

4 plano p. 30, B2

En el s. XIX muchos chinos que habían abandonado sus hogares en busca de nuevos horizontes perecieron en el extranjero. Como el mayor deseo de los chinos tradicionales era poder ser enterrados en sus pueblos natales, en 1856 se construyó este templo para almacenar los cadáveres y servir de salón ancestral público para todos aquellos que no podían permitirse la repatriación de los restos de sus seres queridos. Las familias de estos últimos erigieron 3000 tabletas conmemorativas para sus ancestros en una sala que hay tras el altar. (廣福祠; Kwong Fuk Ancestral Hall; 42 Tai Ping Shan St, Sheung Wan; 8.00-18.00; 26)

El Museo Marítimo de Hong Kong.

Museo Liangyi MUSEO

5 plano p. 30, C2

Este museo privado de tres plantas alberga dos colecciones exquisitas, una de mobiliario antiguo de las dinastías Ming y Qing, y otra de vanidades europeas de inspiración china de los ss. XIX y XX. La primera es una de las mejores del mundo, con 400 piezas de precioso mobiliario *huanghuali* y zitan que se muestran en exposiciones rotativas que cambian cada seis meses. La única forma de visitarlo es por medio de un pequeño circuito y pidiendo cita con un día de antelación. (兩依博物館; ☎852 2806 8280; www.liangyimuseum.com; 181-199 Hollywood Rd, Soho; entrada 200 HK$; ⏲10.00-18.00 ma-sa; Ⓜ Central, salida D2)

Statue Square PLAZA

6 plano p. 30, G4

Esta apacible plaza albergaba antaño efigies de la realeza británica. Hoy rinde tributo a un único soberano, el fundador del HSBC. En su parte norte se halla el **cenotafio** (和平紀念碑; Chater Rd; Ⓜ Central, salida A), construido en 1923 en memoria de los hongkoneses fallecidos en las dos guerras mundiales. En el lado sur de Chater Rd, la plaza cuenta con fuentes y zonas para sentarse con azulejos, que recuerdan a un lavabo público de los años ochenta. (皇后像廣場; Edinburgh Pl, Central; Ⓜ Central, salida K)

Cat Street

ZONA

7 plano p. 30, C2

Al norte de Hollywood Rd (y paralela a esta) se halla Upper Lascar Row, conocida como "Cat Street", una avenida peatonal flanqueada por tiendas de antigüedades y de curiosidades, además de puestos que venden objetos perdidos, bisutería y monedas antiguas recién acuñadas. Es un sitio divertido para rebuscar entre cachivaches, pero la mayor parte de los productos son imitaciones fabricadas a gran escala. (摩囉街; Upper Lascar Row, Sheung Wan; 10.00-18.00; 26)

Wan Kei Ho International Martial Arts Association

ARTES MARCIALES

8 plano p. 30, C2

El maestro Wan, que habla inglés, enseña kung fu shaolín a un conjunto de seguidores locales y extranjeros. Las clases son por la tarde de lunes a jueves. Según las que se tomen, la tarifa mensual puede oscilar entre 350 y 1600 HK$. (尹圻灝國際武術總會; 852 2544 1368, 852 9506 0075; www.kungfuwan.com; 3ª planta, Yue's House, 304 Des Voeux Rd Central, Sheung Wan; 10.00-20.00 lu-vi, 9.00-13.00 sa y do; Ⓜ Sheung Wan, salida A)

Comprender

'Ding Dings'

Los tranvías, que los lugareños apodan *ding dings*, traquetean por los distritos este y oeste de la isla desde 1904. Más de un siglo después, la mayor flota de tranvías de dos pisos del mundo –y el sistema de transporte más bajo en carbono de Hong Kong– continúa abriéndose camino entre el excesivo tráfico de la ciudad.

Con un billete de tarifa plana (que se deja en una caja al apearse) o con una Octopus Card, uno puede desplazarse todo lo lejos que quiera a lo largo de 16 km de vías que recorren la costa norte de la isla de Hong Kong.

Es buena idea subir en un *ding ding* y observar la ciudad. Conviene sentarse en la primera fila del piso de arriba para gozar de las mejores vistas. Contemplar los barrios al este de Causeway Bay desde un tranvía en movimiento aporta una calidad cinematográfica a la experiencia imposible de obtener a pie. La gran ventaja es que uno puede apearse cuando lo desee.

Hong Kong Tramways (852 2548 7102; www.hktramways.com; billetes 2,30 HK$; 6.00-24.00) también ofrece un circuito panorámico de 1 h, el TramOramic Tour, para contemplar la ciudad desde un tranvía descapotable que imita los antiguos.

Catedral de San Juan IGLESIA

9 plano p. 30, G4

Esta catedral anglicana permanece en activo desde 1849, con la excepción del año 1944, cuando los japoneses la utilizaron como club social. Sufrió graves desperfectos durante la II Guerra Mundial y las puertas de la entrada se reconstruyeron con madera rescatada del HMS *Tamar*, un buque británico de guerra que custodiaba Victoria Harbour. En ella uno pisa territorio sagrado en más de un sentido: es la única propiedad vitalicia de Hong Kong. Se entra por Battery Path. (聖約翰座堂; 852 2523 4157; www.stjohnscathedral.org.hk; 4-8 Garden Rd, Central; entrada gratis; 7.00-18.00; 12A, 40, 40M, M Central, salida K)

Two International Finance Centre EDIFICIO DESTACADO

10 plano p. 30, F2

Este coloso de color perla que recuerda a una máquina de afeitar es el edificio más alto de la isla de Hong Kong. No es posible subir hasta lo más alto, pero sí visitar el Hong Kong Monetary Authority Information Centre, que está bastante arriba. El edificio corona el **IFC Mall** (852 2295 3308; www.ifc.com.hk; M Hong Kong, salida F), que alcanza las plantas inferiores de su edificio 'hermano', el **One IFC** (國際金融中心; 1 Harbour View St, Central; M Hong Kong, salidas A2 o F), bastante más bajo. (國際金融中心; Two IFC; 8 Finance St, Central; M Hong Kong, salidas A2 o F)

> **Consejo**
>
> **¿Cuánto?**
>
> Con 40 HK$ se pueden comprar fideos y hortalizas, o pagar un menú en un restaurante de comida rápida. Una comida en un restaurante normal cuesta al menos 80 HK$; y una cena, 350 HK$. Cenar en un restaurante elegante cuesta, como mínimo, 600 HK$.

Dónde comer

City Hall Maxim's Palace DIM SUM $

11 plano p. 30, G3

Este 'palacio' ofrece la clásica experiencia hongkonesa en cuanto a *dim sum*. Es alegre, ruidoso y cuenta con un salón *kitsch* con decoraciones de dragones y un espectacular surtido de *dim sum* que desfila en carritos por la sala. Los domingos se sirven desayunos a partir de las 9.00 y hay cola desde las 8.30. (美心皇宮; 852 2521 1303; 3ª planta, Low Block, Hong Kong City Hall, 1 Edinburgh Pl, Central; comidas desde 150 HK$; 11.00-15.00 lu-sa, 9.00-15.00 do; M Central, salida K)

Mrs Pound ASIÁTICA $$

12 plano p. 30, B2

Por fuera parece una tienda de sellos tradicional de Sheung Wan, pero si se presiona el sello correcto en el escaparate (una pista: brilla), se abre una puerta que da a un bar donde sirven atrevidas versiones de comida asiática de calle. (☎852 3426 3949; www.mrspound.com; 6 Pound Lane, Sheung Wan; comidas 150-400 HK$; ⏲12.00-14.30 y 17.00-23.00; M Sheung Wan)

Chachawan

TAILANDESA **$$**

13 plano p. 30, B2

Especializado en la cocina picante de la región de Isaan, al noreste de Tailandia, este moderno y pequeño local siempre está lleno y es muy ruidoso. No sirve curris ni *pad thai*, solo ensaladas aderezadas con finas hierbas y chile picante (la de papaya verde con tripa de cerdo es deliciosa), además de pescado y carne a la parrilla. También se pueden beber cócteles-fusión que incorporan sabores tailandeses como el té dulce y el lichi. No se aceptan reservas y en las horas punta hay que hacer cola. (☎852 2549 0020; http://chachawan.hk; 206 Hollywood Rd, Sheung Wan; comidas 200-450 HK$; ⏲12.00-14.30 y 18.30-24.00; M Sheung Wan, salida A2)

Pure Veggie House

VEGETARIANA, CHINA **$$**

14 plano p. 30, E5

Este restaurante budista apuesta por la cocina vegetariana innovadora, con platos como el arroz frito con trufa negra y piñones, los rollitos de tofu con algas y los mejores platos vegetarianos de Sichuan preparados por su restaurante 'hermano', **San Xi Lou** (三希樓; ☎852 2838 8811; 7ª planta, Coda Plaza, 51 Garden Rd, Mid-Levels; comidas 200-400 HK$; ⏲11.00-22.30; 🚌12A desde Admiralty MTR). A la hora del almuerzo sirve excelentes *dim sum* vegetarianos.

La decoración le da aspecto de posada rústica y los camareros visten túnicas como las de los estudiantes de las obras de época. (心齋; ☎852 2525 0556; 3ª planta, coda plaza, 51 Garden Rd, mid-levels; comidas 250-500 HK$; ⏲10.30-22.30; 🖉; 🚌12a desde Admiralty Mtr)

Caprice

FRANCESA MODERNA **$$$**

15 plano p. 30, F2

En contraste con su opulenta decoración, este restaurante con dos estrellas Michelin tiene una carta muy sencilla. Las comidas se elaboran con maestría a partir de ingredientes que llegan a diario desde Francia. La oferta varía, pero la experiencia dice que todo lo que lleve pato, langostinos o tripa de cerdo es exquisito. Sus quesos artesanales importados son los mejores de Hong Kong. (☎852 3196 8888; www.fourseasons.com/hongkong; Four Seasons Hotel, 8 Finance St, Central; menú almuerzo/cena desde 540/1740 HK$; ⏲12.00-14.30 y 18.00-22.30; 📶; M Hong Kong, salida E1)

The Boss

CANTONESA **$$$**

16 plano p. 30, E3

Con una estrella Michelin, este restaurante es de lo más perfeccionista: servicio impecable, decoración moderna y austera y cocina meticulosa. Los platos de cocina cantonesa de la vieja escuela son impresionantes, sobre todo el pollo frito con pasta de camarones casera y el guiso de cangrejo. Los *dim sum*, con ingredientes de primera calidad, se sirven al mediodía. (波士廳; ☎852 2155 0552; sótano, 58-62 Queen's Rd Central, Central; menús almuerzo/cena desde 230/680 HK$; ⌚24 h lu-vi, cerrado sa y do; 📶; Ⓜ Central, salida D2)

Duddell's CANTONESA $$$

Comida cantonesa ligera servida en espacios fascinantes (véase 29 plano p. 30, F4) realzados por obras de arte, un elegante comedor, un salón de mármol de estilo años cincuenta y una terraza frondosa. El *brunch* de los sábados (680 HK$; 12.00-15.30), con barra libre de champán y bufé libre de *dim sum*, es una agradable opción. (都爹利會館; ☎852 2525 9191; www.duddells.co; 3ª y 4ª plantas, Shanghai Tang Mansion, 1 Duddell St, Central; almuerzo 500-800 HK$, cena 800-1600 HK$; ⌚12.00-14.30 y 18.00-22.30 lu-sa; 📶; Ⓜ Central, salida G)

Lung King Heen CANTONESA, DIM SUM $$$

17 plano p. 30, F2

Es el primer restaurante chino del mundo en recibir tres estrellas Michelin y todavía las conserva. Su cocina cantonesa, sin rival en Hong Kong, es excelente, y junto a las vistas del puerto y el servicio impecable, supone una experiencia inolvidable. Las especialidades de la casa, la langosta al vapor y las empanadillas de vieiras, se agotan enseguida. (龍景軒; ☎852 3196 8888; www.fourseasons.com/hongkong; Four Seasons Hotel, 8 Finance St, Central; almuerzo 200-500 HK$, cena 500-2000 HK$;

Un *ding ding* (p. 34).

⌚12.00-14.30 y 18.00-22.30; 📶; Ⓜ Hong Kong, salida E1)

Otto e Mezzo Bombana ITALIANA $$$

18 plano p. 30, F3

El único restaurante italiano de Asia que cuenta con tres estrellas Michelin está a la altura de las expectativas; de ello se asegura siempre el chef Bombana. Es el sitio donde comer trufa blanca; si bien para conseguir mesa es necesaria la tenacidad de un sabueso buscatrufas, ya que hay que reservar con dos meses de antelación. (☎852 2537 8859; www.ottoemezzobombana.com; tienda 202, 18 Chater Rd, Landmark Alexandra,

Central; almuerzo/cena desde 700/1380 HK$; ⏲12.00-14.30 y 18.30-22.30 lu-sa; 📶; Ⓜ Central, salida H)

Tim Ho Wan

DIM SUM $

19 plano p. 30, F2

Inaugurado por un exchef del Four Seasons, fue el primer local económico de *dim sum* en obtener una estrella Michelin. Varias reubicaciones y sucursales después, la estrella sigue brillando gracias a sus deliciosos bocaditos, incluido el superventas de la casa: el panecillo relleno de carne de cerdo a la barbacoa. Para conseguir mesa hay que esperar entre 15 y 40 min. (添好運點心專門店; ☎852 2332 3078; www.timhowan.com; tienda 12a, Podium Level 1, 8 Finance St, IFC Mall, Central; platos 50 HK$; ⏲9.00-20.30; Ⓜ Hong Kong, salida E1)

Lin Heung Tea House

CANTONESA, DIM SUM $

20 plano p. 30, D2

Por la mañana, esta famosa tetería está llena de gente, igual que en 1926, y de ancianos leyendo el periódico. Sirve los *dim sum* (desde 12 HK$) en carrito y se terminan enseguida. También son muy preciados por su valor nostálgico el bollo gigante y los *siu mai* de hígado; los medallones de raíz de loto y el pato relleno estofado (150 HK$, con reserva anticipada) están a la altura de su fama. (☎852 2544 4556; 160-164 Wellington St, Central; comidas desde 100 HK$; ⏲6.00-23.00, *dim sum* hasta 15.30; Ⓜ Sheung Wan, salida E2)

Dónde beber

Cafe Deadend

CAFÉ

21 plano p. 30, B3

En el frondoso barrio PoHo de Sheung Wan, lleno de *boutiques* y galerías apacibles, este café medio escondido es uno de los mejores sitios de Hong Kong para tomar una taza de té con tranquilidad y leer un libro. (☎852 6716 7005; www.cafedeadend.com; 72 Po Hing Fong, Sheung Wan; comidas 100-200 HK$; ⏲9.30-18.00 ma-do; 🚌23, 40)

Sevva

BAR DE CÓCTELES

22 plano p. 30, F4

Si existiera una vista de un millón de dólares en Hong Kong, sería la que se ve desde el balcón del elegantísimo Sevva, con los rascacielos tan cerca que se pueden ver sus arterias de acero, con el puerto y Kowloon a lo lejos. El precio, sin embargo, es caro; y el servicio, irregular. (☎852 2537 1388; www.sevva.hk; 25ª planta, Prince's Bldg, 10 Chater Rd, Central; ⏲12.00-24.00 lu-ju, hasta 2.00 vi y sa; 📶; Ⓜ Central, salida H)

De compras

Tiendas de incienso de Queen's Road West

ARTESANÍA

23 plano p. 30, A2

Entre los números 136-150 de Queen's Rd West, hay tiendas que venden incienso y ofrendas de papel para los muertos. Estas últimas se queman para apaciguar a los difuntos y la elección de 'combustible' es asombrosa: *dim sum*, iPad, relojes Rolex, pastillas de Viagra y calentadores de agua solares. Se pueden comprar como recuerdo, pero quedarse con ellas, en lugar de quemarlas, trae mala suerte. (Queen's Rd W, Sheung Wan; 8.00-19.00; 26)

Lam Kie Yuen Tea Co

COMIDA Y BEBIDA

24 plano p. 30, C2

Esta tienda, en activo desde 1955, muestra todo el té que hay en China. Desde tés sin fermentar a fermentados y toda la gama intermedia, la oferta es abrumadora. El propietario siempre está dispuesto a ofrecer una cata. (林奇苑茶行; 852 2543 7154; www.lkytea.com; 105-107 Bonham Strand E, Sheung Wan; 9.00-18.30 lu-sa; M Sheung Wan, salida A2)

Chan Shing Kee

ANTIGÜEDADES

25 plano p. 30, D2

Esta tienda cuenta con un *showroom* de tres plantas y la dirige Daniel Chan, la tercera generación de una familia que lleva 70 años en el negocio. Se trata de un establecimiento muy conocido entre coleccionistas y museos del mundo por su exquisito mobiliario clásico chino (que data de los ss. XVI a XVIII). También vende objetos de eruditos, como antiguos biombos y cajas de madera. (陳勝記; 852 2543 1245; www.chanshingkee.com; 228-230 Queen's Rd Central, Sheung Wan; 9.00-18.00 lu-sa; 101, 104)

Comprender

Los muros de Sheung Wan

En el s. XIX muchos chinos emigraron a Hong Kong desde el continente en busca de empleo. La mayoría de ellos eran culis que se instalaron en Sheung Wan. Temerosos de que se acercaran demasiado, los británicos impusieron una política segregacionista: los chinos, al oeste; los europeos, al este; con Aberdeen St ejerciendo de muralla invisible. Las condiciones de vida en la zona china eran atroces y en 1894 se declaró una epidemia de peste bubónica en la que perdieron la vida 20 000 personas.

Hasta después de la II Guerra Mundial se alzaron otros muros en Sheung Wan. Para evitar desprendimientos de tierra en la empinada isla de Hong Kong, se construyeron muros de contención en piedra junto a vías principales. Los huecos entre las piedras permitieron que especies tan robustas como el laurel de indias crecieran a sus anchas, reforzando todavía más las paredes. Hoy Sheung Wan es una de las zonas más cosmopolitas de Hong Kong, pero los "muros de árboles" siguen allí.

Comprender

La colonización británica y su fin

Los comerciantes europeos empezaron a importar opio a Hong Kong en el s. XVIII y a principios del s. XIX los británicos comerciaban agresivamente con este "barro extranjero" a cambio de té, seda y porcelana.

Guerras del Opio

Los intentos de China por frenar el tráfico de opio dieron a los británicos la excusa para pasar a la acción militar y enviar lanchas cañoneras. En 1841 la Union Jack se izó en la isla de Hong Kong y el Tratado de Nankín, que puso fin a la I Guerra del Opio, cedió la isla a la Corona británica. Al final de la II Guerra del Opio, en 1860, Gran Bretaña se apoderó de la península de Kowloon y en 1898 se acordó una cesión de 99 años de los Nuevos Territorios.

Transformación

A lo largo del s. XX, oleadas de refugiados se trasladaron de China a Hong Kong. El comercio prosperó hasta la invasión japonesa de 1941. Al término de la II Guerra Mundial, el número de habitantes había descendido; pero nuevos problemas en China se tradujeron en distintas oleadas de refugiados que aumentaron la población por encima de los dos millones. Esto, junto con un embargo comercial decretado por la ONU sobre China durante la Guerra de Corea, permitió a Hong Kong reinventarse como uno de los puertos y centros financieros y productivos más dinámicos del mundo.

La recuperación de la soberanía

En 1997 el Reino Unido accedió a devolver Hong Kong a China y el 1 de julio de ese año terminó la era británica.

En marzo del 2017, Carrie Lam, favorita de China, ha sido elegida como jefa del Ejecutivo. Su larga trayectoria en la Administración la avala, pero muchos ven su elección como una injerencia de Pekín en los asuntos de Hong Kong. Este sentimiento de incomodidad se agrava por el vertiginoso aumento del coste de la vida en la ciudad y la afluencia de turistas de la China continental.

Pero, a pesar de esa ansiedad generalizada, este tipo de desafíos despiertan un espíritu combativo entre muchos ciudadanos dispuestos a defender el Estado de derecho y sus libertades civiles.

Gallery of the Pottery Workshop

ARTE, ARTÍCULOS DEL HOGAR

26 plano p. 30, D3

En esta galería se exponen piezas de cerámica creadas por ceramistas y artesanos locales del interior del país y del extranjero. Las bonitas piezas van desde vajillas hasta esculturas. (樂天陶社; 852 9842 5889, 852 2525 7949; www.potteryworkshop.com.cn; 3ª planta, Hollywood House, 27-29 Hollywood Rd, Soho; 13.00-18.00 ma-do; 26)

Armoury

MODA

27 plano p. 30, F4

Elegante tienda especializada en moda masculina internacional. Se puede elegir entre trajes a medida y una selección de zapatos y corbatas de alta calidad a juego. Es buena idea preguntar por sus trajes y calzado a medida. (852 2804 6991; www.thearmoury.com; 307 Edificio Pedder, 12 Pedder St, Central; 11.00-20.00 lu-sa; M Central, salida D1)

Picture This

REGALOS Y RECUERDOS

28 plano p. 30, F4

Pósteres, fotografías y láminas *vintage*, libros de anticuario y mapas antiguos de Hong Kong y Asia llaman la atención de coleccionistas y de todo aquel que busque un regalo original. No son baratos, pero la tienda garantiza que todos los mapas y las láminas son originales. (852 2525 2803; www.picturethiscollection.com; 13ª planta, 9 Queen's Rd, Central; 10.00-19.00 lu-sa, 12.00-17.00 do; M Central, salida H)

APHOTOSTORY/SHUTTERSTOCK ©

Cat Street (p. 34).

Shanghai Tang

MODA, ARTÍCULOS DEL HOGAR

29 plano p. 30, F4

Esta elegante tienda de cuatro plantas es el sitio ideal para comprar un ceñido *qipao* (o *cheongsam*), un bolso de mano o una chaqueta de estilo mandarín verde lima. Un traje a medida se confecciona en dos semanas o un mes, y requiere una prueba. También vende cojines, marcos, teteras e incluso juegos de *mah-jong* diseñados al estilo chinoiserie moderno. (上海灘; 852 2525 7333; www.shanghaitang.com; 1 Duddell St, Shanghai Tang Mansion, Central; 10.30-20.00; M Central, salida D1)

Principales puntos de interés
Pico Victoria

Cómo llegar

Autobús nº 15 desde Central hasta la cima; autobús nº 15C o 12S a Peak Tram Lower Terminus.

Peak Tram Lower Terminus, 33 Garden Rd, Central (ida/ida y vuelta 28/40 HK$; cada 10-15 min, de 7.00 a 24.00).

Con 552 m de altitud, el pico Victoria es el punto más elevado de la isla de Hong Kong. También es uno de los sitios más visitados por los turistas y es fácil comprender por qué: las amplias vistas de la metrópolis, los bosques que la rodean y las excursiones, fáciles pero espectaculares, están a tan solo 8 min de Central.

El perfil urbano de Hong Kong visto desde el pico Victoria.

Cómo subir a la cima

La mejor forma de llegar al pico Victoria es con el **Peak Tram** (Lower Terminus, 33 Garden Rd, Central; ida/ida y vuelta adultos 28/40 HK$, niños 3-11 años y mayores de 65 años 11/18 HK$; 7.00-24.00; Central, salida J2) que, con 125 años de antigüedad, sigue desafiando a la gravedad y se alza, casi en vertical, por encima de los edificios que lo rodean. Es el funicular más antiguo de Asia y su recorrido termina en la Peak Tower. La estación inferior, en Central, cuenta con una interesante galería que alberga una réplica del vagón original. La **Peak Galleria** (山頂廣場; 118 Peak Rd, pico Victoria), contigua a **Peak Tower** (凌霄閣; 852 2849 0668; 128 Peak Rd, pico Victoria; 10.00-23.00 lu-vi, 8.00-23.00 sa, do y festivos), con forma de yunque, tiene un mirador gratuito, aunque las vistas del puerto quedan tapadas.

Explorar el pico

Unos 500 m al noroeste de la estación superior, subiendo por la empinada Mt Austin Rd, se hallaba la antigua cabaña de verano del gobernador, incendiada por los soldados japoneses durante la II Guerra Mundial. Se conservan los **jardines,** remodelados con falsas glorietas victorianas y pilares de piedra. Están abiertos al público.

El moteado circuito de 3,5 km que forman Harlech Rd al sur, frente al Peak Lookout, y Lugard Rd en la ladera norte, adonde va a parar, se recorre en 45 min. Tras andar otros 2 km por Peak Rd se llega a Pok Fu Lam Reservoir Rd. Hatton Rd, accesible desde Lugard o Harlech Rds, en la ladera oeste, desciende hasta la Universidad de Hong Kong. El Hong Kong Trail, de 50 km, también parte del pico.

維多利亞山頂

Plano p. 30, C5

852 2522 0922

www.thepeak.com.hk

entrada gratis

24 h

Consejos

- Si el viajero no quiere pagar la entrada de la plataforma-mirador de la Peak Tower, el pabellón del León en la cima –al este de la estación del Peak Tram– es el mejor sitio para gozar de vistas gratis de Victoria Harbour.
- La Peak Galleria tiene buenas ofertas de recuerdos.

Una pausa

- Para tomar un bocado se puede ir al **Peak Lookout** (太平山餐廳; 852 2849 1000; www.peaklookout.com.hk; 121 Peak Rd, pico Victoria; almuerzo/cena desde 250/350 HK$; 10.30-23.30 lu-vi, desde 8.30 sa y do), un restaurante internacional en un edificio *vintage*.

Explorar

Isla de Hong Kong: Lan Kwai Fong y Soho

Lan Kwai Fong y Soho son el epicentro 'fiestero' de Hong Kong. El primero zigzaguea al sur y al oeste de D'Aguilar St e incluye esta calle, Wo On Lane, Wing Wah Lane y Wyndham St. Su gente es bastante joven, de clase media y cosmopolita. En Soho ("sur de Hollywood Rd") hay galerías de arte, tiendas de antigüedades, bares y restaurantes.

Lo mejor en un día

Se toma el Peak Tram al pico **Victoria** (p. 42) y se pasan allí 2 h. De vuelta, se puede comer *dim sum* en el **Luk Yu Tea House** (p. 52), con estrella Michelin.

Hay que visitar las galerías de arte y las tiendas de antigüedades de Hollywood Rd, sin olvidar la **comisaría de policía** (p. 49). El centro del diseño **PMQ** (p. 50) es buen sitio para comprar recuerdos modernos. Para tomar el té, se puede ir a **Lan Fong Yuen** (p. 52), de estilo años cincuenta, o al paraíso de la comida cruda, **Mana!** (p. 51).

Si duelen los pies de caminar, nada como un buen masaje en **Happy Foot Reflexology** (p. 51); y si se abre el apetito, lo mejor es degustar los platos cantoneses clásicos de **Ser Wong Fun** (p. 52). El resto de la noche se puede ir de bares.

Para vivir un día en Lan Kwai Fong y Soho como un lugareño, véase p. 46.

Vida local

De bares por LKF y Soho (p. 46)

Lo mejor

Dónde comer

Luk Yu Tea House (p. 52)

Dumpling Yuan (p. 51)

Lan Fong Yuen (p. 52)

Dónde beber

Club 71 (p. 47)

Angel's Share Whisky Bar (p. 53)

De compras

Grotto Fine Art (p. 57)

PMQ (p. 58)

G.O.D. (p. 57)

Cómo llegar

Autobús El nº 26 circula por Hollywood Rd.

Metro Central Station (líneas Island y Tsuen Wan).

Vida local

De bares por LKF y Soho

Esos son algunos de los locales más carismáticos de Lan Kwai Fong (LKF) y Soho, recomendados por los viajeros con más experiencia. Algunos atraen a los sibaritas del vino; otros, a los amantes de los cócteles o la cultura, pero todos tienen suficiente encanto, copas y ambiente para ofrecer una noche memorable.

❶ Cócteles selectos

Stockton (☎852 2565 5268; www.stockton.com.hk; 32 Wyndham St, Lan Kwai Fong; ⏲18.00-hasta tarde lu-sa; Ⓜ Central, salida D2) evoca el ambiente de un club privado del Londres victoriano. Sofás Chesterfield y algún que otro candelabro forman espacios recogidos donde tomar cócteles de ron y de *whisky*. El fin de semana conviene reservar si se va a llegar pasadas las 21.00.

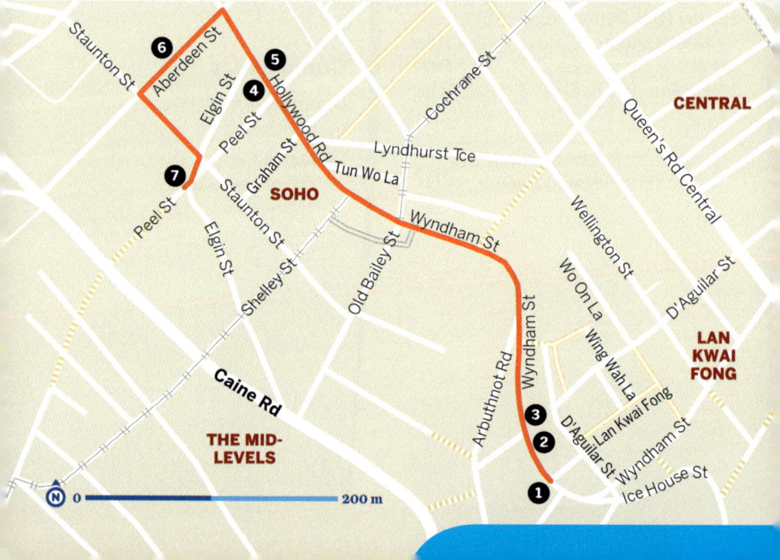

2 Copas y pelotas

Tazmania Ballroom (852 2801 5009; www.tazmaniaballroom.com; 1ª planta, Torre LKF, 33 Wyndham St, Lan Kwai Fong; 17.00-hasta tarde, *happy hour* 17.00-20.00; M Central, salida D2) saca mesas de pimpón los martes, jueves y sábados, pero el código de vestimenta es de estilo *glam-casual*. Para jugar a billar con banqueros o tomar el aire en el balcón.

3 Relajarse, divertirse, repetir

El sofisticado **Tivo Bar** (852 2116 8055; www.aqua.com.hk; 43-55 Wyndham St, Lan Kwai Fong; 18.00-24.00 do-ju, hasta tarde vi y sa; M Central, salida D2) seduce con su fachada abierta, sus tentempiés y la exuberante clientela. El primer y tercer domingo del mes camareras travestidas toman el local a partir de las 19.00 y animan el ambiente para la Tivo Tea Dance.

4 Desintoxicación con hierbas

Kung Lee (公利真料竹蔗水; 852 2544 3571; 60 Hollywood Rd, Soho; zumos desde 11 HK$; 11.00-23.00; 26) sirve infusiones herbales y jugo fresco de caña de azúcar desde 1948. Su calidad permanece inalterable, igual que los azulejos *vintage*. También hay jalea de tortuga, elaborada con polvo del caparazón de una especie concreta; para desintoxicarse antes de ir al siguiente bar.

5 Activistas locales

Con el nombre de una manifestación que tuvo lugar el 1 de julio del 2003 contra una ley contra la libertad de expresión, **Club 71** (sótano, 67 Hollywood Rd, Soho; 15.00-2.00 lu-sa, 18.00-1.00 do, *happy hour* 15.00-21.00; 26, M Central, salida D1) reúne a los activistas para tomar cerveza y tocar *blues*. Está frente al lugar donde hace un siglo los revolucionarios confabularon para derrocar a la dinastía Qing. Se accede al callejón por el n° 67 de Hollywood Rd.

6 Los locos años sesenta

Tai Lung Fung (852 2572 2886; 1ª planta, tienda H107, PMQ, 35 Aberdeen St, Central; 11.00-23.00; M Sheung Wan) tiene el ambiente del Hong Kong de los años sesenta, con un bar de azulejos y pósteres *vintage* de obras públicas. Una clientela bohemia saborea licores caseros como el de osmanthus y té pu-erh, mientras ataca platos de tentempiés clásicos, incluida la tostada de gambas.

7 Cerveza artesanal de barril

Roundhouse Taproom (852 2366 4880; www.roundhouse.com.hk; 62 Peel St, Soho; 12.00-23.00, *happy hour* 12.00-20.00; M Central, salida D1) tiene las mejores cervezas artesanales de barril, con 25 variedades, algunas de edición limitada. Se elige una de la carta del iPad y se saborea en el bar bien iluminado o en los escalones exteriores.

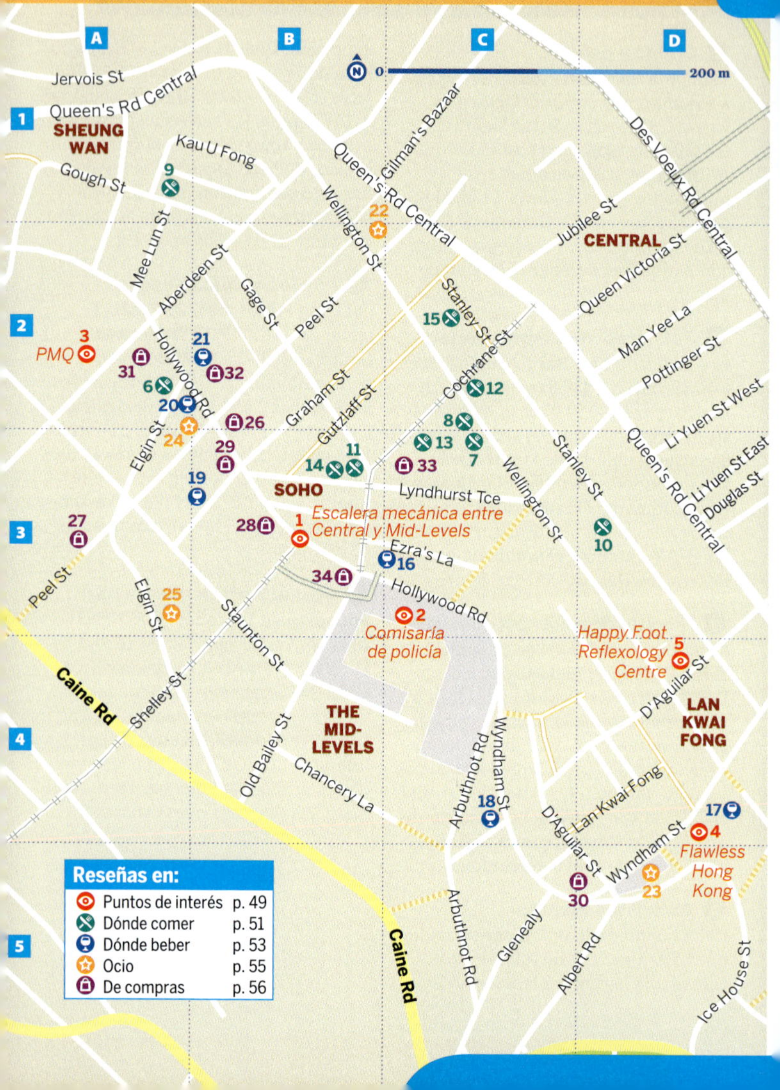
A
B
C
D
1
2
3
4
5
0
200 m
Jervois St
Queen's Rd Central
SHEUNG WAN
Kau U Fong
Gough St
Mee Lun St
Aberdeen St
Gage St
Peel St
Wellington St
Gilman's Bazaar
Queen's Rd Central
Jubilee St
CENTRAL
Queen Victoria St
Des Voeux Rd Central
Stanley St
Cochrane St
Man Yee La
Pottinger St
Li Yuen St West
Li Yuen St East
Douglas St
Hollywood Rd
Elgin St
Graham St
Gutzlaff St
SOHO
Lyndhurst Tce
Wellington St
Stanley St
Queen's Rd Central
Escalera mecánica entre Central y Mid-Levels
Ezra's La
Hollywood Rd
Comisaría de policía
Happy Foot Reflexology Centre
D'Aguilar St
LAN KWAI FONG
Peel St
Elgin St
Staunton St
Caine Rd
Shelley St
Old Bailey St
THE MID-LEVELS
Chancery La
Arbuthnot Rd
Wyndham St
Lan Kwai Fong
D'Aguilar St
Wyndham St
Flawless Hong Kong
Arbuthnot Rd
Glenealy
Albert Rd
Ice House St
Caine Rd
PMQ
Reseñas en:
Puntos de interés p. 49
Dónde comer p. 51
Dónde beber p. 53
Ocio p. 55
De compras p. 56

Escalera mecánica entre Central y Mid-Levels.

Puntos de interés

Escalera mecánica entre Central y Mid-Levels ICONO URBANO

1 plano p. 48, B3

La escalera mecánica cubierta más larga del mundo serpentea desde las oficinas de Central hasta los hogares próximos a Conduit Rd. Parece que las calles desfilen poco a poco: Stanley y Wellington, llenas de *glamour* y tradición; Gage y Lyndhurst, donde floristas y prostitutas vendían su mercancía; Hollywood, la segunda calle más antigua de Hong Kong; Staunton, cuyas tiendas de porcelana dieron paso a Soho; y Shelley, que lleva el nombre de un infame auditor general. (abajo 6.00-10.00, arriba 10.30-24.00)

Comisaría de policía EDIFICIO HISTÓRICO

2 plano p. 48, C3

Construida entre 1841 y 1919, esta comisaría-magistratura-prisión en la actualidad en desuso, inspirada en el Old Bailey londinense, es el símbolo más antiguo de la ley y el orden en Hong Kong. El enorme recinto está en proceso de reformas para convertirse en un centro de arte con un cine, un museo y un centro comercial. (10 Hollywood Rd, Lan Kwai Fong; 26, M Central, salida D2)

YIUCHEUNG/SHUTTERSTOCK ©

PMQ.

PMQ
CENTRO DE ARTE

3 plano p. 48, A2

Este nuevo centro de arte ocupa los edificios modernistas y el frondoso patio de la antigua casa cuartel de la ciudad (c. 1951). Docenas de pequeñas galerías y tiendas venden joyería, piel, láminas, ropa, artículos del hogar y otros. Es el sitio ideal para comprar recuerdos nada horteras. Hay varios restaurantes y pastelerías, y una gran sala de exposiciones con eventos itinerantes. (元創方; 852 2870 2335; www.pmq.org.hk; S614, Bloque A, PMQ, 35 Aberdeen St, Soho; edificio 7.00-23.00, la mayoría de las tiendas 12.00-20.00; 26, Central, salida D2)

Flawless Hong Kong
SPA

4 plano p. 48, D4

Premiado *spa* que atrae a una clientela joven por su ambiente hogareño y su amplia selección de tratamientos faciales (a partir de 580 HK$) y de uñas (manicuras desde 160 HK$). Emplean sofisticados sérums antiedad y evitan los tratamientos insustanciales a base de flores o piedras. (852 2869 5868; www.flawless.hk.com; 4ª planta, Sea Bird House, 22-28 Wyndham St, Lan Kwai Fong; 10.00-22.00; Central, salida D1)

Happy Foot Reflexology Centre SPA

5 plano p. 48, D4

Los intensos masajes de pies son un alivio habitual para muchos ejecutivos que trabajan en Hong Kong. En este popular *spa* un masaje de pies/cuerpo de 50 min cuesta a partir de 200/250 HK$. (知足樂; 852 2522 1151; www.happyfoot.hk; 19ª y 20ª plantas, Century Sq, 1 D'Aguilar St, Lan Kwai Fong; 10.00-24.00; M Central, salida D2)

Dónde comer

Ho Lee Fuk CHINA MODERNA $$

6 plano p. 48, A2

Este irreverente y animado local subterráneo sirve versiones modernas de la cocina *retro* de Chinatown. Las tostadas de gambas llevan mayonesa kewpie y copos de bonito seco; el *char siu* es de lo más selecto, con carne de kurobuta (Kobe de cerdo); y las gambas *lo mein* llevan ajo frito y aceite de marisco. Ofrece el típico ambiente donde ver y dejarse ver, a pesar de que está casi a oscuras. (852 2810 0860; http://holeefookhk.tumblr.com/; 1-5 Elgin St, Soho; comidas 250-500 HK$; 18.00-23.00 do-ju, hasta 24.00 vi y sa; M Central, salida D2)

> **Consejo**
>
> **Reservas y propinas**
>
> Salvo en los restaurantes más económicos, siempre conviene reservar, sobre todo las noches del fin de semana. La mayoría de los locales cobran un 10% en concepto de servicio. En los restaurantes selectos, por un servicio esmerado, se puede dar un 5 o 10% más de propina. En los de precio medio, 5-20 HK$ es suficiente.

Mana! Fast Slow Food VEGANA $

7 plano p. 48, C3

Un paraíso vegano y crudívoro que sirve batidos, ensaladas y postres. Hay panes planos (también sin gluten) que se hornean al momento y se rellenan con hortalizas ecológicas y salsas mediterráneas. El ambiente *hippie* hace olvidar lo pequeño que es el local y sus precios "poco bohemios". (852 2851 1611; www.mana.hk; 92 Wellington St, Soho; comidas 100-200 HK$; 10.00-22.00; ; M Central, salida D2)

Dumpling Yuan EMPANADILLAS $

8 plano p. 48, C2

Lugareños y visitantes del norte acuden a esta tiendecita por sus nueve variedades de empanadas. Destacan las de cordero y cebollino, huevo y tomate; o las vegetarianas. (餃子園; 852 2541 9737; 98 Wellington St, Soho; comidas desde 40 HK$; 11.00-22.30 lu-sa; ; 40M)

Kau Kee Restaurant FIDEOS $

9 plano p. 48, A1

Se podría discutir hasta que se pasaran los fideos sobre si Kau Kee tiene la mejor costilla de res de la ciudad. Sea cual sea el veredicto, la carne –servida sobre fideos en fragante caldo– apenas tiene rival. En los 90 años que lleva este local en activo, incluso estrellas de cine y políticos han hecho cola para conseguir mesa. (九記牛腩; ☎852 2850 5967; 21 Gough St, Sheung Wan; comidas desde 40 HK$; ⏲12.30-19.15 y 20.30-23.30 lu-sa; M Sheung Wan, salida E2)

Luk Yu Tea House — CANTONESA $$

10 plano p. 48, D3

Preciosa tetería (c. 1933), famosa por su magistral cocina y su decoración *art déco* occidental. Fue refugio de artistas de la ópera, escritores y pintores (incluido el creador de un enorme pincel con tinta que decora una pared), que lo frecuentaban para dar recitales y debatir sobre el destino del país. Sirve comida cantonesa clásica, como cerdo agridulce, tostada de gambas y una selección de dim sum y tartas. (陸羽茶室; ☎852 2523 5464; 24-26 Stanley St, Lan Kwai Fong; comidas 300 HK$; ⏲7.00-22.00, *dim sum* hasta 17.30; 👪; M Central, salida D2)

Lan Fong Yuen — CAFÉ $

11 plano p. 48, B3

Su desvencijada fachada esconde un *cha chaan tang* (restaurante de té). Se cree que Lan Fong Yuen (1952) fue el inventor del té con leche pantyhose. Vende más de mil tazas al día de este brebaje fuerte y sedoso, junto con bollos de carne de cerdo, fideos y otros bocados rápidos. Mientras espera mesa, uno ve a los cocineros trabajando. (蘭芳園; ☎852 2544 3895, 852 2854 0731; 2 & 4A Gage St, Soho; comidas desde 60 HK$, cubierto 20 HK$; ⏲7.00-18.00 lu-sa; 🚌5B)

Mak's Noodle — FIDEOS, CANTONESA $

12 plano p. 48, C2

Local legendario que elabora los fideos al estilo tradicional, con una vara de bambú, y los sirve colgados de una cuchara sobre el cuenco para que no se pasen. Destacan los fideos con ternera. (麥奀雲吞麵世家; ☎852 2854 3810; 77 Wellington St, Soho; fideos 32-48 HK$; ⏲11.00-20.00; 🚌40M)

Ser Wong Fun — CANTONESA $

13 plano p. 48, C3

Especializado en sopa de serpiente, sirve platos cantoneses tan tentadores como su célebre caldo. Las mesas, siempre llenas, son la mejor prueba de ello. Muchos clientes habituales van solo a comer la salchicha de hígado de cerdo casera al vino rosado, servida con un bol de arroz blanco. Conviene reservar. (蛇王芬; ☎852 2543 1032; 30 Cochrane St, Soho; comidas 70 HK$; ⏲11.00-22.30; M Central, salida D1)

Tai Cheong Bakery — PANADERÍA $

14 plano p. 48, B3

Tai Cheong era famoso por sus ligerísimos *beignets* (*sa yung* en cantonés) hasta que el exgobernador Chris Patten fue retratado devorando sus pastelitos de crema. Desde entonces, los pastelitos "Fat Patten" son el pro-

LILY CHOU/GETTY IMAGES ©

Dim sums y empanadas recién hechos.

ducto estrella. (泰昌餅家; ☎852 8300 8301; 35 Lyndhurst Tce, Central; pastelitos desde 8 HK$; ⌚7.30-21.00 lu-sa, 8.30-21.00 do; 🚌40M)

Yue Hing COMIDA DE CALLE $

15 plano p. 48, C2

Es parte del conjunto de *dai pai dong* (puestos de comida) elegidos para su conservación. Ha reinventado el sándwich hongkonés aderezando los ingredientes de siempre (jamón, carne de cerdo y huevo) con mantequilla de cacahuete y col hervida. ¡Y funciona! Se prepara por encargo y tarda 15 min. (裕興; 76-78 Stanley St, Soho; comidas 25-40 HK$; ⌚8.15-14.00; Ⓜ Central, salida D2)

Dónde beber

Angel's Share Whisky Bar BAR

16 plano p. 48, C3

Es uno de los mejores bares de *whisky* de Hong Kong, con más de 100 marcas de todo el mundo, en especial escocesas, pero también francesas, japonesas y estadounidenses. Una de ellas, un Macallan de 23 años, se sirve de un enorme barril de roble de 180 l en el centro del bar. También hay una selección de platos inspirados en este licor. (☎852 2805 8388; www.angelsshare.hk; 2ª planta, Amber Lodge, 23 Hollywood Rd, Lan Kwai Fong; ⌚15.00-2.00 lu-ju, hasta 3.00 vi y sa; Ⓜ Central, salida D1)

LONELY PLANET/GETTY IMAGES ©

Dragon-i.

Studio

LOUNGE

17 plano p. 48, D4

En este local de *jazz* de Lan Kwai Fong, inspirado en los años cincuenta, la banda de la casa toca cada noche a partir de las 21.00. Paredes de madera y una iluminación espectacular dan al espacio un ambiente teatral. Tras la banda de *jazz* toman el relevo los DJ, que pinchan música hasta muy tarde. Los cócteles son caros, pero la carta de *whisky* es una de las mejores de la zona. (www.studioclub.asia; 1ª planta, edificio Hing, 1 On Hing Tce, Central; 18.00-4.00; M Central, salida D2)

Dragon-i

BAR, CLUB

18 plano p. 48, C4

Este local de moda tiene un bar interior y otro en la terraza sobre Wyndham St lleno de pájaros cantores en jaulas. Pasada la medianoche lo frecuentan modelos y estrellas del cantopop que beben champán Krug y dan besos al aire mientras los DJ llenan la pista de baile con ritmos *hip hop*, R&B y *jazz*. Para entrar, hay que ir muy pronto o vestido para impresionar. (852 3110 1222; www.dragon-i.com.hk; planta baja superior, Centrium, 60 Wyndham St, Lan Kwai Fong; 12.00-hasta tarde, *happy hour* de la terraza 15.00-21.00 lu-sa; 26, M Central, salida D2)

Globe

PUB

19 plano p. 48, B3

Además de una gran lista de 150 cervezas de importación, 13 de ellas de barril, sirve la T8, la primera ale de segunda fermentación en barrica elaborada en Hong Kong. Con 370 m², tiene un amplio comedor con mesas de madera alargadas y cómodos bancos. Es muy popular por la comida de *pub* británico que sirve. (852 2543 1941; www.theglobe.com.hk; 45-53 Graham St, Soho; 10.00-2.00, *happy hour* 10.00-20.00; M Central, salida D1)

Quinary

BAR DE CÓCTELES

20 plano p. 48, A2

Elegante y de iluminación tenue, atrae a una clientela bien vestida que toma cócteles de inspiración asiática como el quinary sour (*whisky*, raíz de regaliz y azúcar negro chino), el oolong tea collins (vodka y té oolong) o el checkers (vodka, sirope de sésamo negro y helado de vainilla). Es caro; merece la pena empezar la noche aquí y luego ir a bares más económicos y menos elegantes. (852 2851 3223; www.quinary.hk; 56-58 Hollywood Rd, Soho; 17.00-2.00 lu-sa; M Central salida D2)

T:ME

BAR DE AMBIENTE

21 plano p. 48, B2

Pequeño y chic, está en una calle residencial frente a un parque. Las copas son un poco caras, pero hay *happy hour* toda la semana. Se entra por el callejón cerca de Peel St al norte de Hollywood Rd. (852 2332 6565; www.time-bar.com; 65 Hollywood Rd, Soho; 18.00-2.00 lu-sa; M Central, salida D1)

Ocio

Senses 99

MÚSICA EN DIRECTO

22 plano p. 48, B2

Este 'tugurio' de dos plantas ocupa un edificio anterior a la II Guerra Mundial que posee todos los elementos de una residencia de mitad de siglo: techos altos, balcones con vistas a una calle tranquila, puertas de tipo biombo y sofás viejos. Las sesiones de música empiezan a las 22.00, pero antes se puede disfrutar de una *jam session* con batería y guitarra eléctrica en la 3ª planta, incluso participar en ella. (852 9466 2675; www.sense99.com; 2ª y 3ª plantas, 99 Wellington St, Soho; 21.00-hasta tarde vi y sa; M Sheung Wan, salida E2)

Consejo

Prohibido fumar

En el interior de todos los restaurantes está prohibido fumar, pero no en sus espacios al aire libre. Sin embargo, algunos bares se arriesgan a recibir una multa para conseguir más clientes. Se reconocen porque tienen ceniceros en las mesas. Está prohibido fumar en centros comerciales, cines, museos y en el transporte público, además de en playas y parques.

Fringe Club MÚSICA EN DIRECTO, TEATRO

23 plano p. 48, D5

Ocupa un edificio victoriano (c. 1892) que era parte de una granja láctea. Varias noches a la semana ofrece con *jazz*, *rock* y músicas del mundo como estilos predominantes. Los escenarios, íntimos, acogen espectáculos eclécticos de artistas locales y extranjeros. Está ubicado en el límite de Lan Kwai Fong. (藝穗會; reservas de teatro 852 2521 9126, 852 2521 7251; www.hkfringe.com.hk; 2 Lower Albert Rd, Lan Kwai Fong; 12.00-24.00 lu-ju, hasta 3.00 vi y sa; M Central, salidas D1, D2 & G)

Vida local

Hong Kong LGBT

Hong Kong tiene una pequeña pero vibrante comunidad homosexual y el **Pride Parade** del mes de noviembre atrae cada año a miles de participantes.

Se puede contactar con **Pink Alliance** (http://pinkalliance.hk) para informarse de eventos y cultura LGBTQ o consultar la cartelera de la primera revista de estilo de vida gay de la ciudad, *Dim Sum Magazine* (www.dimsum-hk.com).

Les Peches (852 9101 8001; lespechesinfo@yahoo.com) es la primera organización de lesbianas de Hong Kong y organiza eventos mensuales para lesbianas, mujeres bisexuales y sus amistades.

Peel Fresco JAZZ

24 plano p. 48, A2

Encantador local con *jazz* en directo seis noches a la semana, con intérpretes locales y extranjeros que actúan en un pequeño y espectacular escenario junto a falsos cuadros renacentistas. La acción empieza a las 21.30, pero conviene llegar media hora antes para conseguir asiento. (852 2540 2046; www.peel-fresco.com; 49 Peel St, Soho; 17.00-hasta tarde lu-sa; 13, 26, 40M)

TakeOut Comedy Club COMEDIA

25 plano p. 48, A3

Si al viajero le apetece reír, el primer club de la comedia de Hong Kong, fundado por el chino-estadounidense Jameson Gong, ofrece monólogos e improvisaciones en inglés, cantonés y mandarín, además de actuaciones de cómicos extranjeros. El programa está en la red. (852 6220 4436; www.takeoutcomedy.com; sótano, 34 Elgin St, Soho; 26)

De compras

Arch Angel Antiques ANTIGÜEDADES

26 plano p. 48, B2

Aunque su especialidad son la porcelana y las esculturas funerarias, las tres plantas de esta tienda ofrecen mucho más: de juegos de *mah-jong* y caballos de terracota a mobiliario palaciego. (852 2851 6848; 53-55 Hollywood

Rd, Lan Kwai Fong; 9.30-18.30 lu-sa, hasta 18.00 do; g26)

Fang Fong Projects MODA

27 plano p. 48, A3

Los vestidos de Wu Lai-fan son una ingeniosa mezcla de tejidos *vintage* y siluetas de los años ochenta. (69 Peel St, Lan Kwai Fong; 11.00-20.00 do-ju, 12.00-21.00 vi y sa; 26)

Flow LIBROS

28 plano p. 48, B3

Una extensa selección de libros de segunda mano en inglés ocupa hasta el último centímetro de esta librería. Hace falta paciencia para encontrar lo que uno busca, pero el amable propietario, Lam Sum, guiará al cliente hasta la estantería adecuada. (852 2964 9483, 852 9278 5664; www.flowbooks.net; 7ª planta, 1A edificio Wing On, 38 Hollywood Rd, Lan Kwai Fong; 12.00-19.00; 26)

G.O.D. OBJETOS DE REGALO, MENAJE

29 plano p. 48, B3

Marca local que vende artículos del hogar, ropa, libros y objetos de regalo de temática *retro* hongkonesa. Hay delantales con imágenes de los famosos carteles de neón de Hong Kong, ristras de lucecitas que recuerdan a las lámparas rojas de los mercados de la ciudad y ropa de cama con estampados de peces koi, buzones hongkoneses o el símbolo doble de la felicidad. (Goods of Desire; 852 2805 1876; http://god.com.hk/; 48 Hollywood Rd, Soho; 11.00-21.00)

Consejo

Carteleras y entradas

Urbtix (www.urbtix.hk) y **Hong Kong Ticketing** (www.hkticketing.com) venden entradas de todos los grandes eventos de Hong Kong. Es posible reservarlas o comprarlas en las taquillas de los locales.

Artmap (www.artmap.xyz)

Artslink (www.hkac.org.hk)

Time Out (www.timeout.com/hong-kong)

Grotto Fine Art ARTE

30 plano p. 48, D5

Esta exquisita galería, fundada por un experto en arte hongkonés, es una de las pocas que representa a artistas locales. Su breve pero excelente selección incluye obras de pintura, escultura, cerámica y técnica mixta. Precios razonables. (嘉圖; 852 2121 2270; www.grottofineart.com; 2ª planta, 31C-D Wyndham St, Lan Kwai Fong; 11.00-19.00 lu-sa; mCentral, salida D2)

Karin Weber Gallery ANTIGÜEDADES

31 plano p. 48, A2

Karin Weber posee una interesante selección de antigüedades rústicas chinas y obras de arte asiático contemporáneo. Organiza excursiones a Cantón para los que deseen comprar antigüedades. (852 2544 5004; www.karinwebergallery.com; 20 Aberdeen St, Soho; 11.00-19.00 ma-sa, do con cita; 26)

Arch Angel Antiques (p. 56).

Lam Gallery

ANTIGÜEDADES

32 plano p. 48, B2

Quizá sea la mejor tienda de esculturas de la zona y la más grande de las que la familia Lam tiene en Hollywood Rd. Hay esculturas desde el período neolítico hasta la época de la dinastía Qing. Destacan las piezas de cerámica, bronce, oro y plata. Lam es conocido entre coleccionistas y subastadores de todo el mundo; también ofrece servicios de restauración. (松心閣; 852 2554 4666; 61 Hollywood Rd, Lan Kwai Fong; 10.30-18.30 lu-vi, 11.00-18.00 sa; 26, M Central, salida D2)

Linva Tailor

MODA Y ACCESORIOS

33 plano p. 48, C3

Quien quiera un *cheongsam* o *qipao* (vestido chino ceñido) a medida, en esta tienda podrá elegir su tejido de seda. Si tiene poco tiempo, los modistos, el sr. y la sra. Leung, le enviarán la prenda por correo. (年華時裝公司; 852 2544 2456; 38 Cochrane St, Soho; 9.30-18.30 lu-sa; 26)

PMQ

ARTESANÍA, JOYERÍA

El edificio modernista (véase 3 plano p. 48, A2) de la casa cuartel es hoy uno de los mejores sitios de la ciudad para comprar piezas de diseñadores locales, joyeros y artesanos, con docenas de tiendas y *boutiques* en las antiguas viviendas. Destacan la moda urbana de Kapok, los regalos temáticos de Hong Kong de HKTDC Design Gallery, la joyería industrial de The Little Finger y el menaje de bambú de Bamboa Home. (☎852 2870 2335; www.pmq.org.hk; 35 Aberdeen St, Central; ⏲casi todas las tiendas 11.00-19.00)

Wattis Fine Art

ANTIGÜEDADES

34 plano p. 48, B3

Tiene una gran selección de mapas antiguos y la colección de fotografías de Hong Kong y Macao es impresionante. Se entra por Old Bailey St. (www.wattis.com.hk; 2ª planta, 20 Hollywood Rd, Lan Kwai Fong; ⏲10.30-18.00 lu-sa; 🚌26)

Explorar

Isla de Hong Kong: Admiralty, Wan Chai y Causeway Bay

En Admiralty prima la calidad sobre la cantidad para ir de compras, ver puntos de interés o comer en restaurantes. Al este, Wan Chai es cuna de cultura, escaparate de tradiciones y gurú de las noches de marcha, además de la cocina más versátil de Hong Kong. En el epicentro comercial de Causeway Bay, restaurantes y grandes almacenes pugnan por el espacio con un hipódromo y un cementerio.

Lo mejor en un día

Se empieza disfrutando de una visita de 2½ h al **parque de Hong Kong** (p. 64) y al **Asia Society Hong Kong Centre** (p. 71). Se pasea por el Pacific Place, viendo las tiendas, de regreso. Para el almuerzo, barbacoa cantonesa en **Joy Hing** (p. 72).

Se dedican 2 h al "viejo Wan Chai", visitando el **templo Pak Tai** (p. 70), el **templo de Hung Shing** (p. 70), el conjunto **Blue House** (p. 70) y los mercados. Hacia el norte por Hennessy Rd, se pueden comprar *gadgets* en **Wan Chai Computer Centre** (p. 67) y ver el ambiente del **Southorn Playground** (p. 66). Después se toma el tranvía a Causeway Bay para comprar en los centros comerciales y en Caroline Haven (p. 73).

Hay que darse un festín de comida casera cantonesa en **Fortune Kitchen** (p. 72), y guardar un poco de hambre para los postres "a medida" de **Atum Desserant** (p. 72).

Para pasar un día en Admiralty, Wan Chai y Causeway Bay como un lugareño, véase p. 66.

Principales puntos de interés

Hipódromo de Happy Valley (p. 62)

Parque de Hong Kong (p. 64)

Vida local

Un respiro en Wan Chai (p. 66)

Lo mejor

Dónde comer

Fortune Kitchen (p. 72)

Seventh Son (p. 73)

Atum Desserant (p. 72)

Dónde beber

Tai Lung Fung (p. 75)

Myhouse (p. 76)

Elephant Grounds (p. 76)

Stone Nullah Tavern (p. 77)

Cómo llegar

Metro Estaciones de Admiralty, Wan Chai, Causeway Bay y Tin Hau.

Tranvía Al este a lo largo de Queensway, Johnston Rd y Hennessy Rd.

Autobús Estación de autobuses Admiralty por debajo de Queensway Plaza para los autobuses que circulan por la isla de Hong Kong; autobuses nº 5, 5B y 26 a Yee Wo St (Causeway Bay).

Principales puntos de interés
Hipódromo de Happy Valley

Las carreras de caballos son el deporte-espectáculo más popular de Hong Kong y es una experiencia muy auténtica. Cada miércoles de septiembre a junio este hipódromo bulle de actividad con ocho carreras y el festival de comida y bebida que las acompaña. El viajero puede probar suerte apostando o disfrutar del ambiente de emoción colectiva, el olor a césped y el tronar de los cascos de los caballos.

跑馬地馬場

plano p. 69, G5

852 2895 1523

www.hkjc.com

2 Sports Rd, Happy Valley

10 HK$

19.00-22.30 mi sep-jun

Happy Valley

Cómo apostar

Se toma una hoja de apuestas, se decide el tipo de apuesta y la cantidad de dinero (mín. 10 HK$). La hoja y el dinero se entregan en taquilla, a cambio se obtiene un recibo (necesario para reclamar las ganancias al final de la carrera).

Las apuestas básicas son las siguientes:

Ganador (Win) Se elige el caballo que gana.

Colocado (Place) El caballo elegido termina en primera, segunda o tercera posición.

Gemela (Quinella) Los dos caballos elegidos llegan primero y segundo, indistintamente.

Gemela colocada (Quinella place) Se apuesta por dos de los primeros tres clasificados.

Trío no reversible (Tierce) Se aciertan los tres primeros caballos clasificados en el orden exacto.

Trío Box (Trio) Como la apuesta anterior, pero el orden es indistinto.

Circuitos

Una experiencia más completa es el **Come Horse-racing Tour** (☎852 2368 7111, reservas 852 2316 2151; http://entertainment.hkjc.com/entertainment; desde 1080 HK$/persona), que se celebra durante las carreras. Dura 5½ h para las carreras nocturnas y 7 h para las diurnas; incluye la recogida del viajero, la entrada al Jockey Club, un bufé y un circuito guiado por la zona de desfile y la meta.

El museo

Los aficionados a las carreras de caballos pueden ir al **Hong Kong Racing Museum** (☎852 2966 8065; 2ª planta, Happy Valley Stand, Wong Nai Chung Rd, Happy Valley; entrada gratis; ⏲12.00-19.00, hasta 21.00 días de carreras), dedicado a la vida de famosos entrenadores, jockeys, caballos y las carreras más célebres de los últimos 50 años.

☑ Consejos

▸ Para evitar multitudes, lo mejor es irse antes de la última carrera, torcer a la derecha al salir de los torniquetes y andar 10 min a la estación MTR de Causeway Bay en Times Sq.

Una pausa

En el hipódromo sirven *pizzas* y kebabs buenos pero caros, además de platos de una cadena de comida rápida. En Causeway Bay está **Yu** (渝酸辣粉; ☎852 2838 8198; 4 Yiu Wa St, Causeway Bay; comidas desde 100 HK$; ⏲12.00-17.00 y 18.00-23.00; M Causeway Bay, salida A), que sirve buenos fideos de Sichuan y platos muy ricos.

Principales puntos de interés

Parque de Hong Kong

Es uno de los parques más atípicos del mundo. Destacan la plaza con fuentes, el invernadero, los estanques y las cascadas artificiales (el lugar favorito de los recién casados que salen del registro matrimonial, situado dentro del parque), el parque infantil y el jardín de taichí. A pesar de su artificiosidad, este parque de 8 Ha es bonito; y el telón de fondo, con rascacielos y montañas, garantiza fotografías espectaculares.

香港公園

plano p. 68, A3

852 2521 5041

www.lcsd.gov.hk/parks/hkp

19 Cotton Tree Dr, Admiralty

Entrada gratis,

parque 6.00-23.00

M Admiralty, salida C1

Aviario Edward Youde

El **aviario** (尤德觀鳥園; Parque de Hong Kong, Admiralty; ⏲9.00-17.00) es la estrella del parque. Diseñado como una selva pluvial, tiene un puente de madera a 10 m del suelo entre las ramas de los árboles. El **Forsgate Conservatory** (霍士傑溫室; 10 Cotton Tree Dr, Admiralty; entrada gratis; ⏲9.00-17.00), en la cuesta con vistas al parque, es el invernadero más grande del sureste asiático.

Museo de Utensilios de Té Flagstaff House

Este exquisito museo (旗桿屋茶具文物館; ☎852 2869 0690; www.lcsd.gov.hk/CE/Museum; 10 Cotton Tree Dr, Admiralty; entrada gratis; ⏲10.00-18.00 mi-lu) está en la punta más septentrional del parque. Construida en 1846 como hogar del comandante del ejército británico, la Flagstaff House es el edificio colonial más antiguo de Hong Kong conservado en su ubicación original. Su elegancia conjuga a la perfección con la colección de utensilios de té de los ss. XI a XX: bols, bandejas, tazas y teteras de porcelana o de arcilla morada.

KS Lo Gallery

La **KS Lo Gallery** (羅桂祥茶藝館; ☎852 2869 0690; 10 Cotton Tree Dr, Admiralty; entrada gratis; ⏲10.00-18.00 mi-lu), en un edificio al sureste del museo, alberga raras piezas de cerámica de famosos hornos de China y sellos de piedra que coleccionaba el benefactor que le da nombre.

☑ Consejos

▶ La Lock Cha Tea Shop (p. 74) ofrece charlas sobre el té, clases de caligrafía y de degustación de tés entre semana. Más información en la web o por teléfono.

Una pausa

▶ Para recobrar fuerzas, tomar un té y unos *dim sum* vegetarianos en la elegante Lock Cha Tea Shop (p. 74). Reservar con antelación para almorzar o cenar.

Vida local
Un respiro en Wan Chai

En Wan Chai abundan los sitios donde residentes y oficinistas del barrio van a relajarse. No son solo parques, cafés y locales de "relax", también hay paraísos inesperados donde la gente desconecta antes de volver al "mundo real". Estos sitios tan eclécticos muestran una de las facetas menos conocidas de la sociedad local.

1 Southorn Playground

Los ancianos van a este **parque** (修頓球場; Hennessy Rd, Wan Chai; 18.00-23.30; M Wan Chai, salida A3) a jugar al ajedrez; los jóvenes, a echar unas canastas y jugar a fútbol. Hay bailes de *hip-hop*, amas de casa que pasean, trabajadores sociales saturados y gente comiendo al aire libre. El parque marca el límite entre el hogar y el ocio; entre el antiguo barrio del farolillo rojo de Wan Chai y la zona

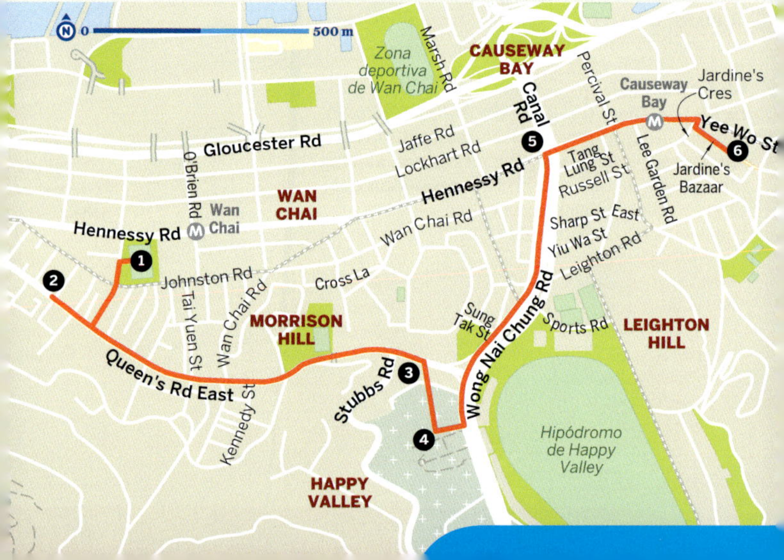

residencial. Dicen los rumores que en los años cincuenta los marineros que frecuentaban los bares "Suzy Wong" (bares de prostitutas popularizados por el filme de 1960 *El mundo de Suzie Wong*, con Nancy Kwan) nunca iban más allá de este parque, por muy ebrios que estuvieran.

❷ 'Gadgets' electrónicos

En sus ratos libres los oficinistas van al **Wan Chai Computer Centre** (p. 80), junto al Southorn Playground, para ver las últimas novedades, desde iPhones hasta ordenadores de marca blanca hechos a medida. Hay que abrirse paso entre los lugareños para ver las etiquetas de los precios. No hay mucho margen de regateo.

❸ Templo sij de Khalsa Diwan

Este **templo** (☎852 2572 4459; www.khalsadiwan.com; 371 Queen's Rd E, Wan Chai; ⏰5.00-20.00; 🚌10) se construyó en 1901 y admite a gente de cualquier casta, raza o credo. La plegaria del domingo (9.00-13.00) reúne a 1000 creyentes; las plegarias diarias (4.00-8.00 y 18.00-20.00) congregan a menos gente. También ofrece comidas vegetarianas gratis (11.30-20.30).

❹ Cementerio de Hong Kong

Frente al hipódromo, este atestado **cementerio** protestante (香港墳場; www.fehd.gov.hk/english/cc/introduction.html; Wong Nai Chung Rd, Happy Valley; ⏰7.00-18.00 o 19.00; 👪; Ⓜ Causeway Bay, salida A) queda al lado de los cementerios judío, hindú, musulmán y católico de Hong Kong. Las lápidas, de mediados del s. XIX, incluyen las de algunos magnates, colonizadores y actrices.

❺ Abuelas hechiceras

Bajo el paso elevado de Canal Rd, cerca de Causeway Bay, hay abuelas hechiceras que cobran por maldecir a los enemigos. Por 50 HK$ estas señoras la emprenden a zapatazos con la imagen en papel de cualquiera que moleste al viajero. Se cree que el exorcismo de villanos (打小人, *da siu yan*) resuelve los problemas del mundo real.

❻ Comida vegetariana en un mercado

Gun Gei (根記健康素食; ☎852 2575 7595; nº 6 Bowrington Rd Market & Cooked Food Centre, 21 Bowrington Rd, Wan Chai; platos 32-70 HK$; ⏰8.30-14.30 y 17.30-21.30 lu-sa; 🌿; Ⓜ Causeway Bay, salida A), en el interior del mercado de Bowrington Rd sirve sencillos y ricos platos. Conviene contar con la ayuda de alguien que hable chino para reservar mesa y pedir. Suele estar lleno.

A
B
C
D
1
2
3
4
5
0
500 m
Centro de Convenciones y Exposiciones de Hong Kong
Lung Wui Rd
Lung Wui Rd
4
Parque Tamar
Tim Wa Ave
Tim Mei Ave
Expo Dr
Convention Ave
Centro de Convenciones y Exposiciones de Hong Kong
Fleming Rd
Harcourt Rd
Lambeth St
Drake St
Fenwick Pier St
24
WAN CHAI
Cotton Tree Dr
Admiralty
Tamar St
Gloucester Rd
Jardín Harcourt
ADMIRALTY
Arsenal St
Jaffe Rd
Lockhart Rd
Fenwick St
Luard Rd
O'Brien Rd
14
Parque de Hong Kong
Queensway
Hennessy Rd
Pacific Place
Anton St
Wan Chai
Southern Playground
30
Thomson Rd
Justice Dr
Queen's Rd East
Star St
22
26
Ship St
16
Johnston Rd
Kennedy Rd
6 Asia Society Hong Kong Centre
Swatow St
Lee Tung St
29
Cross St
Wan Chai Rd
15
Borrett Rd
2
Templo de Hung Shing
20
Bowen Dr
Blue House
21
3
18
Bowen Rd
Bowen Dr
Lung On St
Stone Nullah La
1
Templo de Pak Tai
Reseñas en:
Principales puntos de interés p. 62
Puntos de interés p. 70
Dónde comer p. 72
Dónde beber p. 74
Ocio p. 77
De compras p. 78

E
F
G
H
1
2
3
4
5
VICTORIA HARBOUR
Túnel Cross-Harbour
Refugio de tifones de Causeway Bay
Bahía Causeway
Isla Kellett
Dársena de mercancías
Hung Hing Rd
Zona deportiva de Wan Chai
Tonnochy Rd
Marsh Rd
CAUSEWAY BAY
Canal Rd
Harbour Rd
Harbour Dr
Fleming Rd
Stewart Rd
Jaffe Rd
Lockhart Rd
Hennessy Rd
Wan Chai Rd
Heard St
5 Comix Home Base
Cross La
Wood Rd
MORRISON HILL
Oi Kwan Rd
Yat Sin St
Bowrington Rd
Parque de Wan Chai
Queen's Rd East
Stubbs Rd
Hau Tak La
Wong Nai Chung Rd
HAPPY VALLEY
Hipódromo de Happy Valley
Percival St
Jaffe Rd
Lockhart Rd
Cannon St
Paterson St
Houston St
19
31
Great George St
Gloucester Rd
7 Parque Victoria
Causeway Bay
8
17
28
Kai Chiu Rd
27
Lee Garden Rd
Yun Ping Rd
9
Yee Wo St
23
Pennington St
Haven St
32
25
Russell St
Matheson St
Hysan Ave
Yiu Wa St
Leighton Rd
Leighton Rd
Sports Rd
Wong Nai Chung Rd
LEIGHTON HILL
Broadwood Link Rd
Caroline Hill Rd
CAROLINE HILL
Ventris Rd
10
11
12
13

Puntos de interés

Templo de Pak Tai

TEMPLO TAOÍSTA

1 plano p. 68, D5

Tras un corto paseo subiendo por Stone Nullah Lane se llega a este templo taoísta de 1863 que honra a un dios del mar, Pak Tai. Es el más grande de la isla de Hong Kong. Los ornamentos de cerámica del tejado, con escenas de óperas cantonesas, proceden de Shiwan; un bello ejemplo de la arquitectura de Lingnan en Hong Kong. En el vestíbulo principal hay una bella efigie de bronce de Pak Tai de 3 m de altura de la dinastía Ming. (北帝廟; 2 Lung On St, Wan Chai; 8.00-17.00; M Wan Chai, salida A3)

Templo de Hung Shing

TEMPLO BUDISTA

2 plano p. 68, C4

En un rincón del lado sur de Queen's Rd East, este templo oscuro e imponente está construido sobre enormes bloques de piedra que tenían vistas al muelle. Se erigió hacia 1850 en honor de una deidad de la dinastía Tang conocida por su virtud y su capacidad para predecir negocios. (洪聖古廟; 129-131 Queen's Rd E, Wan Chai; 8.30-17.30; 6, 6A, M Wan Chai, salida A3)

Blue House

ARQUITECTURA

3 plano p. 68, D5

La Blue House, construida en los años veinte, y sus vecinas, la **Yellow House** (黃屋; 852 2835 4376; http://houseofstories.sjs.org.hk; 2-8 Hing Wan St, Wan Chai; 6, 6A) y la **Orange House** (橙屋; 852 2835 4376; http://houseofstories.sjs.org.hk; 8 King Sing St, Wan Chai; 6, 6A) forman un conjunto patrimonial llamado "Viva Blue House" (We 嘩藍屋). La estrella del grupo, la Blue House, es un elegante edificio de apartamentos con balcones de hierro forjado parecidos a los de Nueva Orleans. La casa se está restaurando y reabrirá sus puertas a mediados del 2017 con una tienda de dulces, una clínica de osteopatía renovada y baños para su docena de residentes. Mientras, la **House of Stories** (香港故事館; 852 2835 4376; http://houseofstories.sjs.org.hk; 74 Stone Nullah Lane, Wan Chai; 11.00-18.00 ju-ma; 6, 6A) se ha reubicado en la Yellow House. (藍屋; 852 2835 4376; http://houseofstories.sjs.org.hk; 72-74A Stone Nullah Lane, Wan Chai; 6, 6A)

Parque Tamar

PARQUE

4 plano p. 68, B2

Este parque frente al puerto, en el enclave de las nuevas oficinas del Gobierno Central (新政府總部), es una agradable extensión de prados verdes donde tomar el sol y ver pasar los barcos. Forma parte de un paseo de 4 km por la costa norte de la isla de Hong Kong, desde Central Piers, por fuera del IFC Mall, pasando por Wan Chai y en dirección a North Point. A veces hay conciertos y otros eventos, como las protestas de la Revolución de los Paraguas en el 2014. (添馬公園; Harcourt Rd, Admiralty; M Admiralty, salida A)

Templo de Hung Shing.

Comix Home Base
MUSEO

5 👁 plano p. 68, E4

Situado en 10 edificios históricos de la década de 1910, este amplio museo está dedicado a los artistas de cómic de Hong Kong. Una biblioteca, varias exposiciones, vídeos y talleres introducen al viajero en la rica historia del cómic de la ciudad, desde los autores clásicos que narran las dificultades de los tiempos de guerra *(Renjian Pictorial)* y la sátira de la vida en una colonia británica *(Old Master Q)*, pasando por los cómics de artes marciales de Ma Wing-shing hasta las creaciones de artistas jóvenes como Chi Hoi. (☎852 2824 5303; www.comixhomebase.com.hk; 7 Mallory St, Wan Chai; gratis; ⏱10.00-20.00; Ⓜ Wan Chai, salida A3)

Asia Society Hong Kong Centre
EDIFICIO HISTÓRICO

6 👁 plano p. 68, B4

Todo un logro arquitectónico, este gran recinto integra los edificios militares británicos del s. XIX convertidos en galerías de exposiciones, un teatro, un excelente restaurante y una librería, todo ello abierto al público. Los arquitectos optaron por un diseño que recordara la historia y las formas naturales del terreno. El resultado es un edificio horizontal, en contraste con los rascacielos vecinos. Es buena idea descubrirlo comiendo en **AMMO**

(☎852 2537 9888; www.ammo.com.hk; platos principales 118-400 HK$; ⏲12.00-24.00 do-ju, hasta 1.00 vi y sa). (亞洲協會香港中心, Hong Kong Jockey Club Former Explosives Magazine; ☎852 2103 9511; www.asiasociety.org/hong-kong; 9 Justice Dr, Admiralty; ⏲galería 11.00-17.00 ma-do, hasta 19.00 último ju de mes; M Admiralty, salida F)

Parque Victoria

PARQUE

7 plano p. 68, H2

Construido en terreno recuperado al **refugio de tifones de Causeway Bay** (銅鑼灣避風塘; cerca de Hung Hing Rd, Causeway Bay; M Causeway Bay, salida D1), es la mayor zona verde pública de la isla de Hong Kong. El mejor momento para visitarlo es entre semana por la mañana: parece un bosque de personas practicando taichí. Antes del Año Nuevo lunar se convierte en un mercado de flores y durante el **Mid-Autumn Festival,** en un museo de farolillos. La piscina, construida en 1957, era la más antigua de Hong Kong. (維多利亞公園; www.lcsd.gov.hk/en/ls_park.php; Causeway Rd, Causeway Bay; entrada gratis; ⏲parque 24 h; 👪; M Tin Hau, salida B)

Dónde comer

Atum Desserant

DULCES $

8 plano p. 68, G3

Sentarse en un taburete, colgar el bolso bajo la barra y admirar postres dignos de un museo que se materializan con la ayuda del nitrógeno líquido y la experiencia del propietario, exchef de repostería del Mandarin Oriental. El Improvisation (348 HK$, para dos personas), con dulces, fruta y helado, parece un cuadro pintado mano a mano entre Jackson Pollock y Monet; y no solo el aspecto es espectacular, el sabor está muy bien equilibrado. (☎852 2956 1411, 852 2377 2400; www.atumhk.com; 16ª planta, The L Square, 459-461 Lockhart Rd, Causeway Bay; postres desde 138 HK$; ⏲14.45-24.00 lu-ju, desde 13.00 vi-do; M Causeway Bay, salida C)

Fortune Kitchen

CANTONESA $$

9 plano p. 68, G3

Tiene un nombre típico de la Chinatown clásica, pero está decorado como una antigua tetería y sirve cocina cantonesa casera pero sofisticada a precios asequibles. El propietario fue segundo chef de un restaurante con estrella Michelin y su pericia culinaria se nota en platos como el pollo al vapor con vieiras secas, la especialidad de la casa, y el arroz frito. Con reserva. (盈福小廚; ☎852 2697 7317; 5 Lan Fong Rd, Causeway Bay; platos principales 100-500 HK$; ⏲11.30-17.00 y 18.00-22.30; M Causeway Bay, salida A)

Joy Hing Roasted Meat

CANTONESA $

10 plano p. 68, E3

Muy sencillo, sirve una de las mejores barbacoas cantonesas de la ciudad (en la guía Michelin también lo creen así). Ricas piezas de carne de cerdo, ganso, pollo e hígado a la barbacoa con arroz al vapor recién hecho. La carta la forman las tarjetas pegadas a la pared; solo hay que mirar qué come la gente y señalar. (再興燒臘飯店; ☎852 2519 6639; 1C Stewart Rd, Wan Chai; comidas 30-60 HK$; ⏲10.00-22.00; Ⓜ Wan Chai, salida A4)

Kam's Roast Goose
CANTONESA $

11 plano p. 68, E4

Es una de las dos filiales del famoso **Yung Kee Restaurant** (鏞記; ☎852 2522 1624; www.yungkee.com.hk; 32-40 Wellington St, Lan Kwai Fong; almuerzo 150-400 HK$, cena desde 450 HK$; ⏲11.00-22.30; 👪; Ⓜ Central, salida D2) de Central y mantiene el mismo estricto estándar de calidad en la selección y preparación del ganso asado. Además de esta carne de ave jugosa y de piel crujiente (lo mejor es el muslo), hay otras carnes a la barbacoa, como el lechón, muy recomendables. (甘牌燒鵝; ☎852 2520 1110; www.krg.com.hk; 226 Hennessy Rd, Wan Chai; comidas 70-200 HK$; ⏲11.30-21.00; Ⓜ Wan Chai, salida A2)

Seventh Son
CANTONESA $$

12 plano p. 68, F3

Interesante filial del **Fook Lam Moon** (福臨門; ☎852 2366 0286; www.fooklammoon-grp.com; tienda 8, 1ª planta, 53-59 Kimberley Rd, Tsim Sha Tsui; comidas 400-2000 HK$; ⏲11.30-14.30 y 18.00-22.30; Ⓜ Tsim Sha Tsui, salida B1) (también llamado Tycoon's Canteen) que reproduce a la perfección la comida casera de su mentor y sirve curiosos platos de marisco. La comida es excelente y el cliente recibe el trato que Fook Lam Moon dispensa a los habituales. (家全七福; ☎852 2892 2888; www.seventhson.hk; 5ª y 6ª plantas, Torre Kwan Chart, 6 Tonnochy Rd, Wan Chai; comidas desde 350 HK$; ⏲11.30-15.00 y 18.00-22.30; Ⓜ Wan Chai, salida C)

Comprender
'Caroline Haven'

El veterano barrio de clase media delimitado por Caroline Hill Rd, Haven St, y la zona este de Leighton Rd es un paraíso para quienes huyen de los elevados alquileres de Causeway Bay. Lo que se conoce como "Caroline Haven" se centra alrededor de la planta baja de un bloque residencial de los años sesenta. En la esquina de Leighton Rd con Caroline Hill Rd, Danish Bakery sirve hamburguesas y muslos de pollo frito desde hace cuatro décadas. En el interior y rodeando la galería, hay *boutiques* de tendencias, curiosas tiendas especializadas y *cha chaan tangs* (teterías). En verano no es raro ver a obreros y mecánicos comiendo sin camisa en las mesas de las *cha chaan tangs* de la galería o a oficinistas trajeados compartiendo cenicero con cocineros vestidos de blanco.

Kin's Kitchen
CANTONESA $$

13 plano p. 68, F3

Lau Kin-Wai, crítico de arte convertido en restaurador, infunde su sentido artístico y su pasión por los ingredientes locales a este sencillo restaurante clásico cantonés con un toque diferente. Lau, con aspecto de *bon vivant*, cabello gris y mejillas sonrosadas, suele dejarse ver hablando con los clientes sobre los méritos de los cuatro tipos de arroz blanco de la carta. (留家廚房; 852 2571 0913; 5ª planta, W Square, 314-324 Hennessy Rd, Wan Chai; comidas 180-450 HK$; 12.00-15.00 y 18.00-23.00; M Wan Chai, salida A2)

Lock Cha Tea Shop
VEGETARIANA, CHINA $

14 plano p. 68, A3

En el frondoso entorno del parque de Hong Kong, ofrece tés fragantes y ricos *dim sum* vegetarianos en un local que imita el estudio de un antiguo sabio. Hay actuaciones de música china los sábados (19.00-21.00) y domingos (16.00-18.00). Hay que reservar. Música popular y tetería refinada. (樂茶軒; 852 2801 7177; www.lockcha.com; planta baja, KS Lo Gallery, 10 Cotton Tree Dr, parque de Hong Kong, Admiralty; *dim sum* 15-28 HK$, tés desde 25 HK$; 10.00-20.00, cerrado 2º ma; ; M Admiralty, salida C1)

> **Consejo**
>
> **Comida sostenible**
>
> Al comer pescado, hay que evitar el de aguas profundas y la aleta de tiburón. El World Wildlife Fund (WWF) tiene una guía sostenible en línea (www.wwf.org.hk).

Serge et le Phoque
FRANCESA MODERNA $$$

15 plano p. 68, D4

Mientras el viajero saborea el filete francés de ternera perfecto o las vieiras japonesas gigantes en un ambiente elegante, puede ver, por los grandes ventanales, cómo los carniceros del mercado trabajan. Solo abre para cenar y tiene lámparas globo blancas de los años sesenta que le dan una luz tenue. (852 5465 2000; tienda B2, planta baja, torre 1, The Zenith, 3 Wan Chai Rd, Wan Chai; menú de cena desde 700 HK$; 18.00-22.30; M Wan Chai, salida A3)

Dónde beber

Botanicals
BAR

16 plano p. 68, C4

Atrae a una clientela de trabajadores que brindan por el final de su jornada entre plantas y muebles elegantes en un entorno de tonos verdes, cervezas artesanales y cócteles originales con sabor a las hierbas aromáticas cultivadas en la granja de la azotea. Sirve comida de *pub* reinventada. El horario varía, conviene llamar para asegurarse de que está abierto. (852 2866 3444; www.thepawn.com.hk; 62 Johnston Rd, Wan Chai; 16.00-00.30; M Wan Chai, salida A3)

AARON LIM/SHUTTERSTOCK ©

Una exquisitez: el famoso y crujiente ganso asado de Kam's Roast Goose (p. 73).

Cafe Corridor CAFÉ

17 plano p. 68, G3

En la parte trasera de un estrecho callejón, este excelente café con 15 años de historia y una docena de asientos sirve café yirgacheffe artesanal y desayunos todo el día a una clientela habitual y a quien busque un respiro de la agitación de Times Square, al otro lado de la calle. Luces tenues y una pared decorativa dan calidez a este establecimiento; la gente lo frecuenta para charlar, porque no hay wifi. (852 2892 2927; 26A Russell St, Causeway Bay; 8.00-22.00 lu-ju, hasta 23.00 vi, 10.00-23.00 sa y do; M Causeway Bay, salida A)

Tai Lung Fung BAR

18 plano p. 68, D5

Caprichosamente *retro*, debe su nombre a una compañía de ópera cantonesa de los años sesenta. En un contexto informal, tai lung fung ("gran fénix dragón") significa "Mucho ruido y pocas nueces" y la exagerada decoración hace justicia al término. Atrae a una clientela pseudoartística que prefiere un ambiente tranquilo y una estética llamativa. Los cócteles, menos atrevidos que la decoración, son la especialidad de la casa. (大龍鳳; 852 2572 0055; 5-9 Hing Wan St, Wan Chai; 12.00-1.00 lu-ju, hasta 1.30 vi y sa, *happy hour* 12.00-21.00; M Wan Chai, salida A3)

KEITH MULCAHY/500PX ©

La International Dragon Boat Race (p. 78).

Elephant Grounds

CAFÉ

19 plano p. 68, H2

Con un ambiente tranquilo, un personal joven y alegre, buen café y filiales en Sheung Wan y Aberdeen, este local es, sin apenas esfuerzo, el café de moda en Hong Kong. La popularidad de sus mezclas cafeteras solo la superan sus sándwiches de helado. En la carta hay bocados más interesantes que en los cafés clásicos, como los huevos Benedict con tacos. (852 2253 1313; www.elephantgrounds.com; tienda C, 42-48 Paterson St, Fashion Walk, Causeway Bay; M Causeway Bay, salida D2)

MyHouse

BAR DE VINOS

20 plano p. 68, D4

Vinilos y vino natural en un ambiente amplio de estilo europeo-chic. Los muebles son de madera natural y botellas iluminadas cuelgan junto a las carnes curadas. Los clientes eligen discos de la colección y los escuchan en tocadiscos individuales tomando una copa de Beaujolais ecológico o se rinden al ritmo del DJ residente (también 'analógico'). (852 2323 1715; www.myhousehk.com; 26ª planta, QRE Plaza, 202 Queen's Rd E, Wan Chai; 18.00-2.00 ma y mi, hasta 3.00 ju-sa, cerrado do; M Wan Chai, salida A3)

Stone Nullah Tavern

BAR

21 plano p. 68, D5

Es como una granja americana, pero en versión chic, y tiene una gran selección de *whiskies* y *bourbons* estadounidenses, botellas del viñedo de Francis Ford Coppola y cervezas ale californianas que se disfrutan en un ambiente de paredes de azulejos blancos, armarios antiguos y una cabeza de ciervo disecado. Tras las ventanas francesas luce el entorno del bar, una parte histórica muy pintoresca de Wan Chai. (852 3182 0128; www.stonenullahtavern.com; 69 Stone Nullah Lane, Wan Chai; 12.00-1.00; M Wan Chai, salida A3)

Ted's Lookout

BAR

22 plano p. 68, C4

El local de moda. En la fachada de hormigón hay asientos plegables de teatro y una marquesina con luces y el nombre del bar. El interior tiene paredes de azulejos blancos y farolas de gas. Es muy tranquilo y a los vecinos les encanta para tomar una cerveza con ropa cómoda, sobre todo durante el día. Las hamburguesas están bien, pero con la cocina abierta todo huele a humo. (852 5533 9369; Moonful Court, 17A Moon St, Wan Chai; 17.00-23.00 lu-vi, 12.00-23.00 sa y do; M Admiralty, salida F)

Ocio

Focal Fair

MÚSICA EN DIRECTO

23 plano p. 68, H3

Por fin un local de música *indie* bien situado, al lado de la Bibioteca Central de Hong Kong. Ofrece varios conciertos cada mes, desde bandas como los canadienses Career Suicide, de estilo *punk-hardcore*, a artistas locales del ruido como Dennis Wong y Eric Chan. Más información en su página de Facebook. (www.facebook.com/focalfair; 28ª planta, Torre Park Avenue, 5 Moreton Terrace, Causeway Bay; M Tin Hau, salida A1)

Vida local

Las **Street Music Concert Series** (街頭音樂系列; http://hkstreetmusic.com), maravillosos conciertos al aire libre organizados por el ecléctico músico Kung Chi-shing, han cautivado a cónsules generales y vagabundos por su cuidado equilibrio y efervescente espontaneidad. Van del *rock* independiente a la ópera cantonesa, y del *bluegrass* a Bach. El viajero encontrará algo de su agrado, aunque solo sea el ambiente. Los conciertos son el tercer sábado de cada mes en el Arts Centre (p. 78) de 17.30 a 20.00, el cuarto domingo del mes en Comix Home Base (p. 71) de 15.00 a 16.30 y en Blue House (p. 70) de 19.30 a 21.00 el segundo jueves del mes, con eventos ocasionales en otras partes de la ciudad. Más información en la web.

Hong Kong Arts Centre

DANZA, TEATRO

24 plano p. 68, C3

Un centro muy popular para la oferta de actuaciones musicales, de danza y de teatro. También ofrece cine, galería y varios teatros. (香港藝術中心; ☎852 2582 0200; www.hkac.org.hk; 2 Harbour Rd, Wan Chai; M Wan Chai, salida C)

De compras

Hola Classic

MODA

25 plano p. 68, H4

Genial tienda famosa por sus asequibles trajes, chaquetas y camisas a medida para hombres. Los tejidos no son impecables, pero un traje de dos piezas cuesta a partir de 2280 HK$. También fabrica zapatos Oxford al gusto del cliente. La zapatería está muy cerca, en 13A Haven St. (☎852 2870 0246; 11A Caroline Hill Rd, Causeway

Comprender

Festivales de Hong Kong

El calendario de Hong Kong está lleno de festivales chinos tradicionales y occidentales, y de eventos artísticos y deportivos. Los más destacados son:

Hong Kong Arts Festival (香港藝術節; www.hk.artsfestival.org; desde 150 HK$; feb-mar) Gran espectáculo de música, teatro y danza, con artistas mundiales.

Hong Kong Sevens (www.hksevens.com.hk; fin mar o ppios abr) Equipos de rugby de todo el mundo disputan tres días de intensos partidos de 15 min.

Hong Kong International Film Festival (香港國際電影節; www.hkiff.org.hk; desde 45 HK$; mar y abr) El mayor festival de cine de Asia.

Art Basel Hong Kong (香港巴塞爾藝術展; www.artbasel.com/hong-kong; 180-850 HK$; mar) La gran feria de arte de Asia, con galerías nacionales y extranjeras.

International Dragon Boat Race (香港國際龍舟邀請賽; www.hkdba.com.hk; may o jun) Cientos de equipos de todo el mundo compiten en Victoria Harbour.

Hong Kong Photo Festival (香港國際攝影節; www.hkipf.org.hk) Evento bienal sobre la obra de los fotógrafos de Hong Kong. Más información en la web.

Clockenflap Outdoor Music Festival (香港音樂及藝術節; www.clockenflap.com; entradas 600-1800 HK$; nov o dic) Festival *indie* al aire libre del mes de noviembre. Lo más destacado del calendario musical hongkonés.

Bay; 12.30-21.00; M Causeway Bay, salida A)

Kapok

MODA Y ACCESORIOS

26 plano p. 68, C4

En la moderna zona de Star St. Tiene una minuciosa selección de prendas y accesorios de lujo de marcas nacionales e internacionales. Destacan las camisas de hombre Kapok made-in-HK y los bolsos Mischa de la diseñadora local Michelle Lai. Hay una tienda 'hermana' a la vuelta de la esquina, en el nº 3 de Sun St. También vende prendas en la librería Eslite (p. 79). (852 2549 9254; www.ka-pok.com; 5 St Francis Yard, Wan Chai; 11.00-20.00, hasta 18.00 do; M Admiralty, salida F)

Yiu Fung Store

COMIDA

27 plano p. 68, G3

La tienda más famosa de Hong Kong (c. 1960) para comprar encurtidos y conservas chinas. Destacan las ciruelas agrias, el limón con regaliz, la piel de mandarina, la papaya encurtida y los lichis secos. Antes del Año Nuevo lunar siempre está llena. (么鳳; 852 2576 2528; tienda A, 2 Pak Sha Rd, Causeway Bay; 11.00-22.30; M Causeway Bay, salida A)

Eslite

LIBROS

28 plano p. 68, G3

Uno podría pasar la tarde entera en esta librería taiwanesa de tres plantas, con una enorme colección de libros y revistas en inglés y en chino, material de escritorio y un café, una barra de refrescos de té y una extensa zona dedicada al mundo infantil. (誠品; 852 3419 6789; 8ª-10ª planta, Hysan Place, 500 Hennessy Rd, Causeway Bay; 10.00-22.00 do-ju, hasta 23.00 vi y sa; ; M Causeway Bay, salida F2)

> Vida local
>
> **Mercados de Wan Chai**
>
> El bazar al aire libre entre Queen's Rd East y Johnston Rd (plano p. 68, D4) está atestado de compradores y vehículos aparcados. También hay muchos mercadillos en Cross St y Wan Chai Rd. En **Tai Yuen St** venden peces dorados y ropa interior de abuelo, pero es más conocida por sus jugueterías antiguas. Spring Garden Lane y Wan Chai Rd son una cueva del tesoro llena de puestos curiosos que venden de todo, de especias a *gadgets* electrónicos.

Jugueterías de Tai Yuen St

JUGUETES

29 plano p. 68, D4

A Tai Yuen St se la conoce como "la calle de los juguetes" por sus jugueterías. La calidad no es mejor que en Toys R Us, pero los precios son más bajos y la variedad es abrumadora. Un par de estas tiendas exponen colecciones de juguetes mecánicos de lata antiguos. Conviene llevar bolsa de la compra. (太原街玩具店; 14-19 Tai Yuen St, Wan Chai; 10.00-19.30; M Wan Chai, salida A3)

MAJORIE LAM/SHUTTERSTOCK ©

Clockenflap Outdoor Music Festival (p. 78).

Wan Chai Computer Centre

ELECTRÓNICA

30 plano p. 68, D4

Lleno de brillos y ruiditos electrónicos, este laberinto de minitiendas es una apuesta segura para comprar cualquier producto digital o de electrónica. (灣仔電腦城; 1ª planta, Southorn Centre, 130-138 Hennessy Rd, Wan Chai; 10.00-21.00 lu-sa, 12.00-20.00 do; M Wan Chai, salida B2)

Fashion Walk

MODA

31 plano p. 69, H3

La meca de la moda urbana ocupa cuatro calles de Causeway Bay: Paterson, Cleveland, Great George y Kingston. Reúne a grandes firmas como Paul Smith y Comme des Garçons, además de diseñadores locales emergentes y tiendas de ropa de marcas comunes. (www.fashionwalk.com.hk; oficina 10.00-23.00; M Causeway Bay, D4)

Numb Workshop

MODA

32 plano p. 69, H4

Austera y minimalista, vende prendas andróginas y monocromas. Destacan los pantalones de sarga negros. (852 2312 7007; www.numbworkshop.com; 25 Haven St, Causeway Bay; 13.00-22.00; M Causeway Bay, salida A)

Comprender

La contaminación en Hong Kong

Calidad del aire

El principal problema medioambiental de Hong Kong es la contaminación del aire, causante de más de 2000 muertes anuales; un tema de elevada carga política y económica. En los últimos años la creciente presión pública ha obligado al Gobierno a tomar medidas para controlar las emisiones de vehículos y centrales eléctricas, principales focos de la contaminación. Según las estadísticas del Gobierno, las emisiones se han reducido. Dicho esto, la mayoría de viajeros pueden tener dificultades para respirar en las zonas de mayor congestión, como Causeway Bay y Mong Kok, donde se superan los límites recomendados por la OMS. El Hong Kong Government's Air Quality Health Index (AQHI) monitoriza la calidad del aire y alerta a la población de los riesgos de la exposición prolongada a los contaminantes por medio de una web (www.aqhi.gov.hk/tc.html) y una aplicación para móviles.

Residuos

Tres grandes vertederos de los Nuevos Territorios absorben las 15 000 toneladas diarias de residuos que genera Hong Kong (pronto estarán llenos). Ante la falta de espacio para nuevos vertederos, en 1998 el Gobierno introdujo planes para reducir los desechos, pero el progreso es lento. Solo se recicla el 37% de los residuos sólidos.

Mirando hacia el futuro

El futuro medioambiental de Hong Kong depende de los esfuerzos de la ciudad y del control de la contaminación en la región del delta del río de las Perlas. Las aguas más contaminadas son las de Deep Bay, compartidas con el vecino Shenzhen, y la calidad del aire se deteriora con rapidez cuando los vientos traen la contaminación del norte. Los Gobiernos de Hong Kong y Cantón colaboran para reducir la contaminación regional. Las mejoras son lentas y la creciente tensión entre Hong Kong y la China continental constituye un obstáculo para futuras colaboraciones.

Explorar

Isla de Hong Kong: Aberdeen y el sur

Es el patio de juegos de la isla de Hong Kong; de las playas de Repulse Bay, Deep Water Bay y South Bay al paraíso de las compras que forman el mercado de Stanley y Horizon Plaza, o el excelente parque de atracciones Ocean Park, cerca de Aberdeen.

Lo mejor en un día

Se toma el autobús a Stanley para visitar el pueblo y su **mercado** (p. 85). El circuito del histórico **St Stephen's College** (p. 85) se disfruta con reserva. Se puede comer en **Smugglers Inn** (p. 91).

Hay que ir a Pok Fu Lam, para ver **Béthanie** (p. 88) y las antiguas granjas lecheras de **Pok Fu Lam** (p. 89) y alrededores. Se puede ver el famoso refugio de tifones de Aberdeen, al sur. Hay que descubrir los olores del puerto y del pescado secándose a lo largo del **paseo marítimo** (p. 87) y embarcarse en el circuito de 30 min en junco (p. 88).

Si hay tiempo, se aprovecha para comprar moda de diseño a precio de ganga en **Horizon Plaza** (p. 93) en Ap Lei Chau, al otro lado del refugio de tifones, y después, saborear el rico y asequible marisco del **Ap Lei Chau Market Cooked Food Centre** (p. 90).

Para vivir un día en Aberdeen y el sur como un lugareño, véase p. 84.

Vida local

De playa en playa por el sur de la isla (p. 84)

Lo mejor

Puntos de interés

Young Master Ales (p. 88)

Restaurantes

Aberdeen Fish Market Yee Hope Seafood Restaurant (p. 89)

Ap Lei Chau Market Cooked Food Centre (p. 90)

Verandah (p. 85)

Cómo llegar

Autobús Stanley, Repulse Bay y Deep Water Bay: autobuses nº 6A, 6X, 260 desde debajo de Exchange Sq (Central); nº 73, 973 desde Aberdeen.

Autobús Aberdeen: autobuses nº 73 y 973 desde Stanley.

Autobús Ap Lei Chau: autobús nº 90 desde la terminal de autobuses de Admiralty; en barco desde el paseo marítimo de Aberdeen.

Vida local
De playa en playa por el sur de la isla

Recorrer las playas de la costa sur de la isla es divertido y práctico. Muchas tienen duchas y la mayoría cuentan con puntos de interés y restaurantes próximos. En verano las aguas de Stanley y Repulse Bay se llenan de algas bioluminiscentes; tras la puesta de sol parece que uno nada entre luciérnagas.

❶ Deep Water Bay

La playa más occidental es la de **Deep Water Bay** (深水灣; 🚌6, 6A, 6X, 260), una ensenada pequeña y tranquila flanqueada por árboles que le dan sombra. No es tan famosa como su vecina, Repulse, pero hay menos bañistas y tiene barbacoas que atraen a los lugareños. Por la tarde, la playa huele a parrilla.

❷ Repulse Bay

Desde Deep Water Bay, hay que andar 2 km por el paseo marítimo a **Repulse Bay** (淺水灣; 🚌6, 6A, 6X, 260). En verano, esta larga playa de arena oscura y aguas turbias siempre está llena. En el extremo sureste hay un conjunto de deidades y figuras de estilo caricaturesco. Las colinas están salpicadas por residencias de lujo, incluido un edificio ondulado con un agujero cuadrado, un elemento asociado al *feng shui*.

❸ Restaurante Verandah

El elegante **Verandah** (露台餐廳; ☎852 2292 2822; www.therepulsebay.com; 1ª planta, 109 Repulse Bay Rd, Repulse Bay; comidas desde 600 HK$; ⏲12.00-14.30, 15.00-17.30 y 19.00-22.30 diario, *brunch* 11.00-14.30 do; 🚌6, 6A, 6X, 260) emana nostalgia colonial con su piano, su escalinata de mármol y los ventiladores de madera del techo. Su té de la tarde es el mejor de esta parte de la isla de Hong Kong. Conviene reservar.

❹ Middle Bay y South Bay

Dos playas muy bonitas situadas 1 y 2 km al sur de Repulse Bay, respectivamente. Middle Bay es muy popular entre los bañistas gais y South Bay es la preferida de los expatriados franceses. En las noches de verano se puede nadar en el mar entre algas que brillan como estrellas.

❺ Playa de St Stephen

Este **refugio** (聖士提反灣泳灘; 🚌6A, 14) al sur del pueblo de Stanley está más limpio que la playa principal. Se alquilan tablas de *windsurf* y kayaks. Para llegar, se toma el autobús a Stanley y se anda al sur por Wong Ma Kok Rd. Hay que torcer a la derecha a Wong Ma Kok Path, después al sur, y pasar por la caseta de botes hacia la playa.

❻ Mercado de Stanley

En este **mercado** (赤柱市集; Stanley Village Rd, Stanley; ⏲9.00-18.00; 🚌6, 6A, 6X o 260) no hay ni grandes gangas ni grandes estafas, solo ropa de calle a precios razonables (y tallas extragrandes e infantiles), curiosidades, recuerdos y arte predecible, todo ello en un entrañable y confuso laberinto de callejuelas que bajan a la bahía de Stanley. Se puede regatear, pero no mucho. Lo mejor es ir entre semana, cuando no hay tantos turistas ni lugareños.

❼ St Stephen's College

Los fans de la II Guerra Mundial deberían visitar el bonito e histórico campus de **St Stephen's College** (聖士提反書院文物徑; ☎852 2813 0360; www.ssc.edu.hk/ssctrail/eng; 22 Tung Tau Wan Rd, Stanley; gratis; 🚌6, 6A, 6X, 260), junto al Cementerio Militar de Stanley, al sureste del mercado de Stanley. Fundado en 1903, el colegio se convirtió en hospital militar de emergencia la víspera de la invasión japonesa de Hong Kong, en 1941, y, tras la caída de la ciudad, en campo de concentración. Se visita en un circuito guiado de 2 h. Hay que reservar plaza en la web.

Reseñas en:
Puntos de interés p. 87
Dónde comer p. 89
Dónde beber p. 91
De compras p. 93
A
B
C
D
E
1
2
3
4
EL PICO
Bethanie 3
Pok Fu Lam Village 7
Parque de Aberdeen
Paseo marítimo de Aberdeen
Templo de Hung Shing
ABERDEEN
AP LEI CHAU
Young Master Ales
Canal de East Lamma
Embalse de Aberdeen
Blindspot Gallery
WONG CHUK HANG
Sham Wan
Canal de Aberdeen
Ap Lei Pai
Colina Brick
Ocean Park
Ocean Park
Deep Water Bay
Middle Island
Monte Nicholson (430m)
Stubbs Rd
Mirador de Jardine
Repulse Bay
South Bay
Ngan Chau
Wilson Trail
Colina Violet (433m)
Repulse Bay Rd
CHUNG HOM KOK
STANLEY
Bahía de Stanley
Colina Stanley (386m)
Parque de Tai Tam
Embalse intermedio de Tai Tam
Embalse de Tai Tam
Monte Butler (436m)
Hong Kong Trail
Parque de Tai Tam
Embalse Tai Tam Tuk
Tai Tam Rd
Tai Tam Rd
Puerto de Tai Tam
Pico Shek O (284m)
Parque de Shek O
Pico Pottinger (312m)
CHAI WAN
SIU SAI WAN
Hong Kong Trail
Big Wave Bay Rd
SHEK O
Shek O Rd
Playa Shek O
Pico D'Aguilar (323m)
MAR DE LA CHINA MERIDIONAL
MO TAT WAN
Lamma
0
4 km
N

Paseo marítimo de Aberdeen.

Puntos de interés

Paseo marítimo de Aberdeen — PASEO MARÍTIMO

1 plano p. 86, A2

Flanqueado por árboles, este paseo va de oeste a este por Aberdeen Praya Rd y sobre el agua desde Ap Lei Chau. En el extremo oeste se halla el extenso **mercado de pescado al por mayor de Aberdeen** (香港仔魚市場; paseo marítimo de Aberdeen, Aberdeen), con enormes acuarios industriales. Es un sitio sucio y huele mal, pero es 100% hongkonés. Antes de llegar uno pasa por delante de barcos-casa amarrados y barcos que procesan marisco (y un par de locales de karaoke). (香港仔海濱公園; Aberdeen Praya Rd, Aberdeen; gratis)

Ocean Park — PARQUE DE ATRACCIONES

2 plano p. 86, B2

A pesar del atractivo Disneyland de Lantau, para muchos hongkoneses este es el parque de atracciones más popular de la ciudad. En constante expansión, con nuevas atracciones, cuatro osos panda gigantes y dos rarísimos pandas rojos, cautiva a muchas familias. En una parte del parque, en Marine World, tienen cetáceos en cautividad y celebran espectáculos con delfines y orcas, algo que es muy perjudicial para estos animales. (海洋公園; ☎852 3923 2323; www.oceanpark.com.

hk; Ocean Park Rd; adultos/niños 3-11 años 385/193 HK$; ⌚10.00-19.30; 👪; 🚌629 desde Admiralty, 🚌973 desde Tsim Sha Tsui, 🚌6A, 6X, 70, 75 desde Central, 🚌72, 72A, 92 desde Causeway Bay)

Béthanie — EDIFICIO HISTÓRICO

3 👁 plano p. 86, A1

Este bello edificio restaurado, en el montañoso Pok Fu Lam, una zona estudiantil y residencial al noroeste de Aberdeen, es un punto de interés destacado. El recinto alberga una escuela de cine y fue construido por la Misión Francesa en 1875 como sanatorio para sacerdotes de toda Asia, donde se recuperaban de enfermedades tropicales para poder regresar a sus misiones (伯大尼; ☎852 2854 8918; www.hkapa.edu; 139 Pok Fu Lam Rd, Pok Fu Lam; 33 HK$; ⌚11.00-18.00 lu-sa, desde 12.00 do; 🚌7, 40, 40M, 90B, 91)

> Vida local
>
> **Circuitos en junco**
>
> Son estupendos para ver partes de la costa sur de la isla. Los operadores se hallan en el extremo este del paseo marítimo de Aberdeen. Suelen cobrar 50 y 80 HK$/persona por un trayecto de 30 min, unos 130 HK$ para ir a Sok Kwu Wan y 160 HK$ a Yung Shue Wan, en Lamma.
>
> Si solo se quiere echar un vistazo al muelle, se puede tomar el pequeño ferri que cruza a la isla de Ap Lei Chau (adultos/menores de 12 años 2,20/1,20 HK$) entre las 6.00 y medianoche. Otra opción es tomar el ferri gratuito que va al **Jumbo Kingdom Floating Restaurant** (珍寶海鮮舫; ☎852 2553 9111; www.jumbo.com.hk; Shum Wan Pier Dr, Wong Chuk Hang; comidas desde 200 HK$; ⌚11.00-23.30 lu-sa, desde 9.00 do; 🚌90 desde Central) y volver.
>
> Al paseo marítimo se llega desde la terminal de autobuses de Aberdeen por un paso peatonal subterráneo bajo Aberdeen Praya Rd.

Young Master Ales — FÁBRICA DE CERVEZA

4 👁 plano p. 86, A2

La fábrica de cerveza de Hong Kong puede visitarse casi todos los sábados por la tarde, pero hay que enviar un mensaje de correo electrónico antes. Si es posible, conviene organizar el circuito de cata otro día. La fábrica ofrece una selección de cervezas ales sin filtrar y libres de aditivos químicos. Destaca la edición limitada de Mood for Spring, con sabores florales. (少爺麥啤; www.youngmasterales.com; locales 407-409, Oceanic Industrial Centre, 2 Lee Lok St, Ap Lei Chau; ⌚12.00-17.00 sa, o con cita; 🚌671, 90B)

Templo de Hung Shing — TEMPLO TAOÍSTA

5 👁 plano p. 86, B2

Reformado varias veces desde su construcción en 1773 a cargo de pescadores locales, es el principal templo de Ap Lei Chau y está dedicado a Hung Shing, protector de los navegantes.

Destacan la orientación al mar (señal de buen *feng shui*, dicen), las figuritas shiwan de los tejados (que prueban su importancia) y los dos postes "de dragón" del patio delantero, que supuestamente contienen el "aura mortal" de la **Comisaría de policía de Aberdeen** (舊香港仔警署; ☎852 2873 2244; 116 Aberdeen Main Rd, Aberdeen; ⏲10.00-22.00 ma, ju y vi, hasta 18.00 lu, mi y sa; 🚌27) al otro lado del agua. (洪聖古廟; Hung Shing St, Ap Lei Chau; ⏲8.00-17.00; ⛴Ap Lei Chau)

Blindspot Gallery GALERÍA

6 plano p. 86, B2

Se llama así ("punto ciego") porque el propietario creía que la fotografía moderna no recibía en Hong Kong la atención que merecía. Presenta obras de fotógrafos y artistas de Hong Kong y Asia, incluidos Stanley Wong, Ken Kitano y Maleonn. Es ideal para familiarizarse con la fotografía hongkonesa y asiática. (刺點畫廊; ☎852 2517 6238; www.blindspotgallery.com; 15ª planta, edificio industrial Po Chai, 28 Wong Chuk Hang Rd, Aberdeen; ⏲10.00-18.00 ma-sa, do y lu con cita; 🚌70, 90, 590, 72, 42, 38)

Pok Fu Lam ALDEA

7 plano p. 86, A1

En una pendiente, esta apacible aldea parece un barrio de chabolas comparada con la gran cantidad de residencias de clase media que la rodean. No es muy llamativa, pero los historiadores le dan mucho valor, no solo por la famosa danza del dragón de fuego del Mid-Autumn Festival, sino también por sus vínculos con la industria láctea de Hong Kong. Otros puntos de interés son Bethanie y la pagoda Li Ling. Lo mejor es visitarla en un circuito a pie. (薄扶林村; ☎852 6199 9473; 🚌7, 40, 40M, 90B, 91)

Playa Shek O PLAYA

8 plano p. 86, E3

Esta playa cuenta con una gran extensión de arena, árboles que le dan sombra en la parte trasera, duchas, vestuarios y taquillas de alquiler. Siempre está llena, salvo los días que hay tifón, pero queda resguardada por acantilados rocosos y resulta bastante agradable. (石澳; 🚌9 desde la estación MTR de Shau Kei Wan, salida A3)

Dónde comer

Aberdeen Fish Market Yee Hope seafood Restaurant CANTONESA, MARISCO $$

9 plano p. 86, A2

Dentro del único mercado de pescado al por mayor de Hong Kong, este sencillo local de pescadores es el mejor sitio para comer marisco fresco. No hay carta, pero si uno indica cuánto quiere gastar, le preparan lo mejor que tengan disponible por ese precio con su toque personal, incluidas piezas que no suelen verse en los restaurantes. (香港仔魚市場二合海鮮餐廳; ☎852 5167 1819, 852 2177 7872; 102 Shek Pai Wan Rd, Aberdeen; comidas desde 350 $; ⏲4.00-16.00; 🚌107)

Ap Lei Chau Market Cooked Food Centre

MARISCO $

10 plano p. 86, A2

Sobre un mercado cubierto, los empleados de los *dai pai dongs* (puestos de comida) colocan mesas y sillas de plástico plegables en el amplio vestíbulo. **Pak Kee** (栢記; 852 2555 2984; 1ª planta, edificio de servicios municipales de Ap Lei Chau, 8 Hung Shing St, Ap Lei Chau; cena de marisco desde 160 HK$; 18.00-24.00; microbús nº 36X desde Lee Garden Rd, Causeway Bay) y **Chu Kee** (珠記; 852 2555 2052; 1ª planta, edificio de servicios municipales de Ap Lei Chau, 8 Hung Shing St, Ap Lei Chau; cena de marisco desde 160 HK$; 18.00-24.00; microbús nº 36X desde Lee Garden Rd, Causeway Bay) ofrecen platos de marisco sencillos, pero ricos. También se puede comprar marisco en el mercado de la planta baja y pagar para que lo preparen al gusto del comensal. Los fines de semana está llenísimo y es muy ruidoso. (鴨利洲市政大厦; 1ª planta, edificio de servicios municipales de Ap Lei Chau, 8 Hung Shing St, Ap Lei Chau; platos 45-70 HK$; microbús nº 36X desde Lee Garden Rd, Causeway Bay)

Vida local

Circuito por una granja láctea

En 1886 se fundó en Pok Fu Lam Dairy Farm (plano p. 86, A1), la primera granja láctea de Hong Kong, para proveer de leche fresca a la ciudad. Dio empleo a habitantes de Pok Fu Lam (p. 89); y varias de sus estructuras, incluidos dormitorios y establos, todavía son visibles. La ONG Pok Fu Lam Village organiza circuitos por la zona en cantonés por 1500 HK$/grupo, con 300 HK$ si se necesita intérprete. Hay que reservar plaza con un mes de antelación en su página de Facebook.

Hoi Kwong Seafood Restaurant

CANTONESA, PESCADO $

11 plano p. 86, B2

Con acuarios de criaturas marinas y cajas de poliestireno expandido en la entrada, ofrece más de cien platos, la mitad de los cuales llevan pescado. Los precios son asequibles porque no sirven las variedades más exóticas y caras, pero toda la comida es fresquísima y local. Imprescindible reservar y estar dispuesto a codearse, literalmente, con los clientes de la mesa de al lado. (海港食家; 852 2552 6463; 71 Ap Lei Chau Main St, Ap Lei Chau; platos principales 40-220 HK$; 11.30-14.30 y 18.00-23.30)

Sei Yik

CANTONESA $

12 plano p. 86, D3

Los turistas de fin de semana visitan este pequeño *dai pai dong* (puesto de comida) con techo metálico frente al edificio municipal de Stanley por su tostada francesa al estilo hongkonés con *kaya* (mermelada de coco). No hay rótulo en inglés; para dar con él, es necesario buscar una larga cola de gente y los montones de frutas que tapan la entrada. (泗益; 852 2813 0507;

Ap Lei Chau Market Cooked Food Centre.

2 Stanley Market St, Stanley; comidas desde 30 HK$; 6.00-16.00 mi-lu; 6, 6A, 6X, 66)

Dónde beber

Ben's Back Beach Bar

BAR

13 plano p. 86, E3

En este bar de la tranquila playa de Shek O, lugareños y expatriados comen hamburguesa y beben cerveza fría bajo un toldo rústico. Al lado hay un santuario orientado al mar. Para tomar cerveza escuchando ritmos *reggae* y el rumor de las olas. (石澳風帆會; 852 2809 2268; playa Shek O, 273 Shek O; 19.00-24.00 ma-vi, 14.00-24.00 sa y do; 9 desde la estación MTR Shau Kei Wan, salida A3)

Smugglers Inn

PUB

14 plano p. 86, D3

En un lugar turístico como Stanley, es buena idea visitar instituciones locales como esta, donde las modas pasajeras no tienen impacto alguno. Es posible tomarse un cóctel sex on the beach en el interior, con paredes forradas de divisas, o al aire libre; o jugar a los dardos con otros clientes. También hay una gramola. (852 2813 8852; planta baja, 90A Stanley Main St, Stanley; 10.00-24.00 lu-ju, hasta 1.00 vi-do; 6, 6A, 6X o 260)

Comprender

La cultura pesquera de Aberdeen

En el refugio de tifones de Aberdeen solían atracar los juncos de los pescadores que vivían en barcos. Ha sido escenario de varias películas de Hollywood, incluida *Lara Croft: Tomb Raider*.

Gente del agua

La mayoría de los moradores de barcos eran de la etnia tanka (蜑家人), que llegó a Hong Kong desde el sur de China antes del s. x y habla un dialecto similar al cantonés. Otro grupo que vivía así eran los hoklos (鶴佬), originarios de Fujian o Chiu Chow. Las dos etnias no siempre se llevaron bien. Los tankas prefieren que les llamen "gente del agua" (水上人), ya que para ellos 'tanka' es un término que tiene connotaciones de salvajismo.

En 1961 había 28 000 personas viviendo en barcos; hoy solo quedan unos cientos. En *Tomb Raider: la cuna de la vida* aparecen como familias de vida idílica en el puerto, pero en realidad los juncos pesqueros se mezclan con yates de lujo y lanchas a motor que surcan el agua a toda velocidad.

Carreras Dragon Boat

En Aberdeen quedan menos de 2000 juncos pesqueros. Los trabajos terrestres, mejor pagados, han apartado a los jóvenes pescadores de su ocupación tradicional. A pesar de ello, la mayoría todavía se consideran "gente del agua" y presumen de su identidad a lo grande durante las carreras Dragon Boat, que se celebran en todo el territorio cada año. Entre semana, al atardecer, los equipos se entrenan en el refugio de tifones.

Hong Kong es la sede de las carreras Dragon Boat modernas. Es la ciudad con más equipos (más de 400) y más carreras (más de 20 al año) por metro cuadrado del mundo. Los eventos más espectaculares de la temporada (mar-oct) son las carreras de pescadores, que combinan rituales y pruebas atléticas. Más información en la web The Dragon Boat Association (www.hkdba.com.hk).

LEUNGCHOPAN/SHUTTERSTOCK ©

Refugio de tifones de Aberdeen.

De compras

G.O.D.

MODA, MENAJE

15 plano p. 86, D3

Es una de las tiendas hongkonesas más interesantes. Vende versiones irreverentes de la iconografía clásica de Hong Kong: fundas de móvil con fotografías de apartamentos de Hong Kong, luces que parecen las de los mercados antiguos y cojines con estampados de peces koi. En la ciudad hay unas cuantas tiendas G.O.D., pero esta es una de las más grandes. (Goods of Desire; 852 2673 0071; www.god.com.hk; tienda 105, Stanley Plaza, 22-23 Carmel Rd, Stanley; 10.30-20.00 lu-vi, hasta 21.00 sa; 6, 6A, 6X, 260)

Horizon Plaza

CENTRO COMERCIAL

16 plano p. 86, A2

Oculto en la costa sur de Ap Lei Chau, este enorme *outlet* que ocupa una fábrica reconvertida cuenta con más de 150 tiendas repartidas en 28 plantas. Los lugareños la visitan para comprar muebles, pero también hay grandes ofertas de marcas de moda, como Alexander McQueen o Jimmy Choo. Además, venden artículos para niños, desde libros y juguetes hasta ropa y muebles. (新海怡廣場; 2 Lee Wing St, Ap Lei Chau; 10.00-19.00; 90 desde Exchange Sq, en Central)

Explorar

Kowloon: Tsim Sha Tsui

Tsim Sha Tsui (TST), que significa “punta afilada de arena”, es un dinámico barrio del sur de la península de Kowloon. Es muy conocido por sus tiendas y restaurantes, pero también está lleno de museos y salas de espectáculos. Su población, compuesta por chinos, indios, filipinos, nepalíes, africanos y europeos, lo convierte en el barrio más cosmopolita de Hong Kong.

Lo mejor en un día

Se dedican 2 h al **Museo de Historia** (p. 99) y después se pasea por el paseo marítimo de **Tsim Sha Tsui Este** (p. 96) hasta el vestíbulo de **Star Ferry,** parando en la **torre del Reloj** (p. 25). Se puede comer pato pekinés y fideos al estilo norteño en **Spring Deer** (p. 106).

Hay que explorar el patrimonio de Tsim Sha Tsui en la **Antigua Jefatura de la Policía Marítima** (p. 99), el **antiguo templo de Fook Tak** (p. 101), la **mezquita de Kowloon** (p. 102), la **iglesia anglicana de San Andrés** (p. 101) y la **Former Kowloon British School** (p. 101). Se termina la tarde tomando un té en el **Peninsula** (p. 100) o samosas y lassi en **Chungking Mansions,** en la calle de enfrente. Después se puede ir de compras a **Harbour City** (p. 110).

El broche final es una cena en Chicken HOF & Soju Korean (p. 105), seguida de unos de los mejores cócteles de frutas de la ciudad en **Butler** (p. 108).

Principales puntos de interés

Paseo marítimo de Tsim Sha Tsui Este (p. 96)

Lo mejor

Restaurantes

Woo Cow (p. 108)

Spring Deer (p. 106)

Ye Shanghai (p. 106)

Museos

Museo de Historia de Hong Kong (p. 99)

Museo de Arte de Hong Kong (p. 97)

Museo del 4 de Junio (p. 101)

Cómo llegar

Ⓜ **Metro** Tsim Sha Tsui, salida E

Principales puntos de interés

Paseo marítimo de Tsim Sha Tsui Este

Las vistas de Victoria Harbour hacen de este paseo uno de los mejores de Hong Kong. De día se pueden tomar fotos, visitar museos y contemplar embarcaciones, enamorados y turistas. Al caer el sol, de camino a cenar o a los Star Ferry, uno vuelve disfrutar de las vistas, ahora transformadas por los rascacielos vestidos de neón.

尖沙嘴東部海濱花園

plano p. 98 ,D4

Salisbury Rd, Tsim Sha Tsui

M Tsim Sha Tsui, salida E

Avenida de las Estrellas.

Torre del Reloj

Un buen sitio para empezar es la torre del Reloj (p. 25) de la antigua línea de ferrocarril Kowloon-Cantón (KCR), cerca del vestíbulo de Star Ferry. De ladrillo rojo y granito, es símbolo de la era del vapor. Los relojes empezaron a marcar la hora el 22 de marzo de 1921 y solo se han detenido durante la ocupación japonesa.

Museo de Arte

Este **museo** (香港藝術館; ☎852 2721 0116; http://hk.art.museum; 10 Salisbury Rd, Tsim Sha Tsui; adultos/reducida 10/5 HK$, mi gratis; ⌚10.00-18.00 lu-vi, hasta 19.00 sa y do; ⛴Star Ferry, Ⓜ East Tsim Sha Tsui, salida J) está cerrado por reformas multimillonarias. Ofrecerá nueve galerías repartidas en seis plantas dedicadas al arte contemporáneo hongkonés, las antigüedades chinas y las fotografías históricas.

Avenida de las Estrellas

Tras pasar por el Centro Cultural y el Museo de Arte se llega a esta avenida, el deslucido homenaje de Hong Kong a su otrora flamante industria cinematográfica. Destaca una escultura de bronce de Bruce Lee, icono del kung fu, de 2,5 m de alto. Casi toda la zona está cerrada por reformas hasta finales del 2018. Después de esta avenida, tras unas escaleras y un ascensor, se llega al precioso Tsim Sha Tsui East Podium Garden y al Middle Road Children's Playground (p. 102).

Sinfonía de Luces

Desde el paseo se puede ver cada noche la Sinfonía de Luces (ribera de Kowloon; ⌚20.00-20.20), un espectáculo *kitsch* de luces y música clásica china con vistas a los rascacielos de la isla de Hong Kong, cuyas luces destellan al otro lado del puerto.

☑ Consejos

- Comer antes de visitar el paseo marítimo, no hay sitios de comida.
- La Avenida de las Estrellas –que se extiende 400 m al noreste por la costa desde el exterior del Museo del Espacio– está cerrada por reformas hasta el 2018.
- Cuidado con los estafadores vestidos de monjes –los de verdad nunca piden dinero– que intentan vender amuletos budistas o acosan al viajero para ofrecerle una 'bendición' y pedirle dinero a cambio. Lo mejor es un "no" firme e ignorarlos.

✕ Una pausa

- Un cóctel con vistas millonarias en el InterContinental Lobby Lounge (p. 109).
- Terminar el paseo con comida india en Woodlands (p. 108), East Tsim Sha Tsui.

Reseñas en:
Principales puntos de interés p. 96
Puntos de interés p. 99
Dónde comer p. 105
Dónde beber p. 108
De compras p. 109
A
B
C
D
E
1
2
3
4
Cheong Wan Rd
Museo de Historia de Hong Kong 2
Museo de Ciencia de Hong Kong 14
Science Museum Rd
TSIM SHA TSUI ESTE
Salisbury Rd
Mody Rd
Mody Sq
Granville Rd
Granville Sq
Cameron Rd
Chatham Rd South
Iglesia del Rosario 10
30
Austin Ave
19
Museo del 4 de Junio 5
Centenary Gardens
East Tsim Sha Tsui (KCR East Rail Terminus)
28
Jardín Signal Hill y torre Blackhead Point 11
Middle Road Children's Playground 12
Paseo marítimo de Tsim Sha Tsui Este
0
200 m
Observatory Rd
Granville Cct
36
27
Prat Ave
Hart Ave
Mody Rd
21
Minden Ave
29
Hanoi Rd
35
Iglesia anglicana de San Andrés 7
20
Observatory Rd (Private)
Knutsford Tce
Kimberley Rd
Kimberley St
Granville Rd
17
Hau Fook St
Cameron Rd
Carnarvon Rd
Cameron La
Humphreys Ave
25
Carnarvon Rd
Minden Row
Middle Rd
32
Middle Rd
Jardines Salisbury
24
8
Former Kowloon British School
Nathan Rd
Tsim Sha Tsui
Nathan Rd
Salisbury Rd
Jardín chino
TSIM SHA TSUI
Mezquita y centro islámico de Kowloon 9
Haiphong Rd
Lock Rd
34
Hankow Rd
Peking Rd
Península Hong Kong 4
18
Museo del Espacio de Hong Kong y teatro 13
Aviario
Parque de Kowloon 3
Antiguo templo de Fook Tak 6
26
Ashley Rd
Kowloon Park Dr
31
Antigua Jefatura de la Policía Marítima 1
Hong Kong Cultural Centre
23
Canton Rd
Canton Rd
HARBOUR CITY
33
22
Water Tours 16
Terminal de autobuses de Star Ferry
15 Big Bus Company
Muelle Star Ferry
China Ferry Terminal
VICTORIA HARBOUR
Ocean Terminal

LONELY PLANET/GETTY IMAGES ©

Juncos (veleros tradicionales chinos) del Museo de Historia de Hong Kong.

Puntos de interés

Antigua Jefatura dela Policía Marítima

EDIFICIO HISTÓRICO

1 plano p. 98, B4

Construido en 1884, este conjunto victoriano es uno de los cuatro edificios gubernamentales más antiguos de Hong Kong. La Policía Marítima lo usó de forma continuada, salvo durante la II Guerra Mundial, cuando lo ocupó la Marina japonesa. Hoy es el recinto comercial Heritage 1881, que conserva algunas de las estructuras antiguas, incluidos establos, palomares y un refugio antiaéreo. ¿Por qué 1881? Porque 4 en chino tiene una pronunciación similar a la de "muerte", y el constructor era supersticioso. (前水警總部; ☎852 2926 8000, circuitos 852 2926 1881; www.1881heritage.com; 2A Canton Rd, Tsim Sha Tsui; entrada gratis; ⏰10.00-22.00; ⛴Star Ferry, M East Tsim Sha Tsui, salida L6)

Museo de Historia de Hong Kong

MUSEO

2 plano p. 98, E1

Para echar un vistazo a la arqueología, la etnografía y la historia natural y local del territorio no solo para aprender, sino también para comprender cómo Hong Kong presenta sus historias al mundo. The Hong Kong Story recorre el territorio a través de ocho galerías, empezando por el entorno

EWILDING/SHUTTERSTOCK ©

Túnel de bambú en el parque de Kowloon.

natural y el Hong Kong prehistórico –hace 6000 años aprox.– y terminando con la devolución del territorio a China en 1997. (香港歷史博物館; ☎852 2724 9042; http://hk.history.museum; 100 Chatham Rd South, Tsim Sha Tsui; adultos/reducida 10/5 HK$, mi gratis; ⏲10.00-18.00 lu y mi-sa, hasta 19.00 do; 👪; M Tsim Sha Tsui, salida B2)

Parque de Kowloon PARQUE

3 plano p. 98, B2

En el antiguo emplazamiento de los barracones de los soldados indios del ejército colonial, este parque es un refrescante respiro del trajín de Tsim Sha Tsui. Senderos y muros surcan el césped, hay aves que dan saltitos en jaulas y viejas higueras de Bengala salpican el paisaje. Por la manaña se ve a ancianos practicando taichí y los domingos por la tarde hay exhibiciones de artes marciales en el Kung Fu Corner. (九龍公園; www.lcsd.gov.hk; Nathan Rd y Austin Rd, Tsim Sha Tsui; ⏲6.00-24.00; 👪; M Tsim Sha Tsui, salida C2)

Peninsula Hong Kong EDIFICIO HISTÓRICO

4 plano p. 98, C4

El Peninsula (c. 1928), en un edificio que parece un trono, es uno de los grandes hoteles del mundo. Era conocido como "el más elegante al este de Suez" y fue uno de los varios hoteles de prestigio de Asia, a la altura del

Raffles de Singapur y el Cathay (hoy Peace) de Shanghái. Tomar aquí el té de la tarde es una experiencia maravillosa; hay que vestir bien y estar dispuesto a hacer cola para conseguir mesa. (香港半島酒店; www.peninsula.com; Salisbury Rd esq. Nathan Rd, Tsim Sha Tsui; M East Tsim Sha Tsui, salida L3)

Museo del 4 de Junio MUSEO

5 plano p. 98, D1

El primer museo del mundo dedicado a las protestas de 1989 en la plaza de Tiananmén de Pekín, con objetos relacionados con las protestas, incluidos casquillos de bala presuntamente disparados por el Ejército Popular de Liberación y camisetas firmadas por los líderes estudiantiles de Pekín, incluido Wang Dan. Actualmente se encuentra cerrado a la búsqueda de un sitio mayor; hay una campaña de *crowdfunding* abierta. (六四紀念館; 852 2782 6111; http://64museum.blogspot.hk; 5ª planta, Foo Hoo Centre, 3 Austin Ave, Tsim Sha Tsui; M Jordan, salida D)

Antiguo templo de Fook Tak TEMPLO BUDISTA

6 plano p. 98, B3

El único templo de Tsim Sha Tsui es un agujero lleno de humo con el techo metálico. Poco se sabe de sus orígenes, salvo que se construyó como santuario en la dinastía Qing y se reformó en 1900. Antes de la II Guerra Mundial, los fieles eran los trabajadores no cualificados del vecino muelle de Kowloon, donde se alza la Ocean Terminal; hoy las ofrendas de incienso las hacen los octogenarios y es que el templo está 'especializado' en longevidad. (福德古廟; 30 Haiphong Rd, Tsim Sha Tsui; 6.00-20.00; M Tsim Sha Tsui, salida C2)

Iglesia anglicana de San Andrés IGLESIA

7 plano p. 98, C1

En una loma junto a la Former Kowloon British School se alza este encantador edificio de estilo gótico inglés con la iglesia protestante más antigua de Kowloon. Se construyó en 1905, con granito y ladrillo rojo, para atender a la población protestante de Kowloon; durante la ocupación japonesa se convirtió en santuario sintoísta. Al lado se ve la antigua vicaría, con balcones con columnas (c. 1909). Se accede desde el lado este de Nathan Rd, por unas escaleras o una pendiente. (聖安德烈堂; 852 2367 1478; www.standrews.org.hk; 138 Nathan Rd, Tsim Sha Tsui; 7.30-22.30, iglesia 8.30-17.30; M Tsim Sha Tsui, salida B1)

Former Kowloon British School EDIFICIO HISTÓRICO

8 plano p. 98, C1

Este edificio protegido de estilo victoriano es la escuela de niños expatriados más antigua que se conserva en Hong Kong y hoy alberga la Oficina de Antigüedades y Momumentos (古物古蹟辦事處). Fundada en 1902, se modificó a posteriori para incorporar verandas y techos altos que refrescaran el ambiente, ya que sus ocupantes solían desmayarse por el calor. (前九龍英童學校; www.amo.gov.hk; 136 Nathan Rd, Tsim Sha Tsui; M Tsim Sha Tsui, salida B1)

Mezquita y centro islámico de Kowloon MEZQUITA

9 plano p. 98, C2

Con cúpula y mármol esculpido, es la mezquita más grande de Hong Kong. Da servicio a los más de 70 000 musulmanes del territorio, más de la mitad de los cuales son chinos, y tiene capacidad para 3000 fieles. Se fundó para atender a las tropas indias del ejército británico, instaladas en el actual parque de Kowloon. Los no musulmanes deben pedir permiso para entrar. Hay que descalzarse. (九龍清真寺; 852 2724 0095; 105 Nathan Rd, Tsim Sha Tsui; 5.00-22.00; M Tsim Sha Tsui, salida C2)

Iglesia del Rosario IGLESIA

10 plano p. 98, D1

Es la iglesia católica más antigua de Kowloon, construida en 1905 con donaciones de un doctor portugués instalado en Hong Kong, inicialmente a beneficio de los católicos de un batallón indio y después para la creciente comunidad católica local. Es de estilo gótico clásico y tiene una fachada parecida a las de las iglesias de Macao. (玫瑰堂; 852 2368 0980; http://rosarychurch.catholic.org.hk; 125 Chatham Rd S, Tsim Sha Tsui; 7.30-19.30; M Jordan, salida D)

Jardín Signal Hill y torre Blackhead Point PARQUE

11 plano p. 98, D3

Las vistas desde lo alto de esta loma son espectaculares y si fuera el s. XIX, se verían los barcos del puerto mirando hacia la cima; ya que, por aquel entonces, cada día a las 13.00 una bola de cobre caía en lo alto de la torre de estilo eduardiano para que los navegantes ajustaran sus relojes. El jardín está por encima del Middle Road Children's Playground (p. 102). Se entra por Minden Row (Mody Rd). (訊號山公園和訊號塔; Minden Row, Tsim Sha Tsui; torre 9.00-11.00 y 16.00-18.00; M East Tsim Sha Tsui, salida K)

Middle Road Children's Playground PARQUE

12 plano p. 98, D4

Accesible por una escalera que sube desde Chatham Rd South, esta joya oculta encima de la estación MTR de East Tsim Sha Tsui tiene juegos infantiles, asientos a la sombra y vistas al mar. Entre semana es un apacible parque para los habitantes de la zona, pero los fines de semana se llena de niños y aficionados a los pícnics de tantas etnias como formas de lanzarse por un tobogán (si uno tiene 8 años). (中間道兒童遊樂場; Middle Rd, Tsim Sha Tsui; 7.00-23.00; M East Tsim Sha Tsui, salida K)

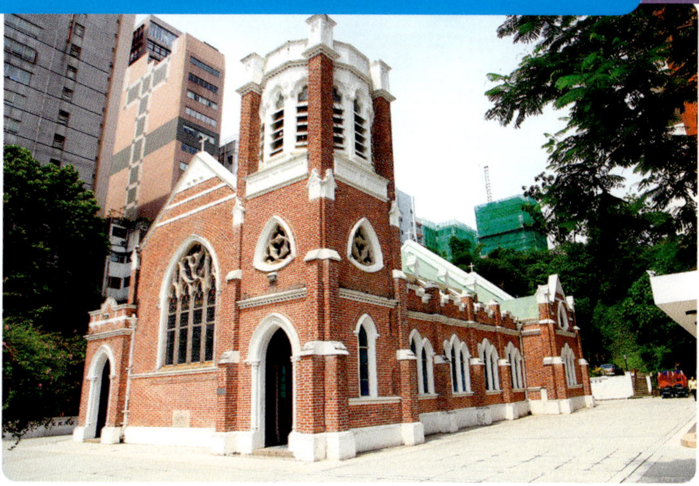
SIMON_PHOTOS/GETTY IMAGES ©

Iglesia anglicana de San Andrés (p. 101).

Museo del Espacio de Hong Kong MUSEO

13 plano p. 98, C4

Frente al mar y con aspecto de pelota de golf, alberga dos salas de exposiciones y un planetario con una gran pantalla en el techo. El museo se ve un poco anticuado, pero las películas Omnimax, el parapente virtual y el simulador de "paseo lunar" ejercen una fascinación atemporal para los adultos-niños. En la tienda del museo también venden helado deshidratado "de astronautas" en tres sabores. (香港太空館; 852 2721 0226; www.lcsd.gov.hk; 10 Salisbury Rd, Tsim Sha Tsui; adultos/reducida 10/5 HK$, espectáculos 24/12 HK$, mi gratis; 13.00-21.00 lu y mi-vi, 10.00-21.00 sa y do; ; M East Tsim Sha Tsui, salida J)

Museo de la Ciencia de Hong Kong MUSEO

14 plano p. 98, E1

Ilustrando las bases de la tecnología con demostraciones prácticas de las leyes de la energía, la física y la química, ofrece una estupenda experiencia práctica que entretiene a visitantes de todas las edades. (香港科學館; 852 2732 3232; http://hk.science.museum; 2 Science Museum Rd, Tsim Sha Tsui; adultos/reducida 25/12,50 HK$, mi gratis; 10.00-19.00 lu-mi y vi, hasta 21.00 sa y do; ; M Tsim Sha Tsui, salida B2)

SAIKO3P/SHUTTERSTOCK ©

El tradicional circuito en junco por el puerto.

Big Bus Company AUTOBÚS

15 plano p. 98, B4

Una buena forma de ver la ciudad es viajando en estos autobuses descapotables de dos pisos. Tienen tres rutas: la Kowloon Route incluye la mayor parte del paseo marítimo de Tsim Sha Tsui y Hung Hom; la Hong Kong Island Route explora Central, Admiralty, Wan Chai y Causeway Bay; y el Green Tour va al mercado de Stanley y Aberdeen. (852 3102 9021; www.bigbustours.com; Unit KP-38, 1ª planta, muelle Star Ferry, Tsim Sha Tsui; adultos/niños desde 450/400 HK$; 9.00-18.00)

Water Tours CIRCUITOS EN BARCO

16 plano p. 98, B4

Ofrece seis circuitos diferentes del puerto a bordo de juncos, además de cenas y circuitos con cócteles. Los precios van desde 260 HK$ (niños 2-12 años 170 HK$) para el Morning Harbour Cruise, hasta 350 HK$ (niños 260 HK$) para el Symphony of Lights Cruise y 900 HK$ (niños 700 HK$) para el Aberdeen Dinner Cruise. (852 2926 3868; www.watertours.com.hk; 6ª planta, Carnarvon Plaza, 20 Carnarvon Rd, Tsim Sha Tsui)

Dónde comer

Yum Cha

DIM SUM $

17 plano p. 98, D2

Es una de las más nuevas incorporaciones al mundo de los *dim sum* en Hong Kong. Los panecillos de cerdo a la barbacoa se decoran con caritas de cerdo, los bollos de crema tienen aspecto de huevos simpáticos y los hojaldres de piña se sirven en jaulas ornamentadas. También hay una completa carta de platos cantoneses con un toque moderno. (飲茶; ☎852 2751 1666; http://yumchahk.com; 3/F 20-22 Granville Rd, Tsim Sha Tsui; comidas 100-250 HK$; ⏲11.30-15.00 y 18.00-23.00; Ⓜ Tsim Sha Tsui, salida B2)

Gaddi's

FRANCESA $$$

18 plano p. 98, C4

Abrió sus puertas tras la II Guerra Mundial y era el típico restaurante al que acudían las familias ricas a celebrar sus ocasiones especiales. Hoy la decoración clásica aburre un poco y la banda musical filipina sobra, pero la comida, de estilo francés tradicional con un toque contemporáneo, es una de las mejores de la ciudad. (☎852 2696 6763; www.peninsula.com; 1ª planta, Peninsula, 19-21 Salisbury Rd, Tsim Sha Tsui; menú almuerzo/cena 500/2000 HK$; ⏲12.00-14.30 y 19.00-22.30; Ⓜ Tsim Sha Tsui, salida E)

Chicken HOF & Soju Korean

COREANA $

19 plano p. 98, D1

Por fuera, este local de ventanas oscuras parece un sitio sórdido, pero en realidad es un *gastropub* coreano con un simpático propietario. El excelente pollo rebozado, muy crujiente, se presenta en cinco versiones. También hay platos tradicionales, como la barbacoa coreana. Los lugareños lo conocen como "Lee Family Chicken", téngase en cuenta para preguntar cómo llegar. Suele haber una larga cola en la puerta. (李家; pollo; ☎852 2375 8080; planta baja, 84 Kam Kok Mansion, Kimberley Rd, Tsim Sha Tsui; comidas desde 150 HK$; ⏲17.00-4.00; Ⓜ Jordan, salida D)

Vida local

Kowloon multicultural

En Kowloon vive gente de muchas procedencias, sobre todo en Tsim Sha Tsui, lo cual se traduce en opciones culinarias diversas. En las calles de Chungking Mansions (p. 110) se hallan las mejores tiendas indias; en Kimberley St y Austin Ave hay restaurantes y colmados coreanos; en las calles que rodean el mercado nocturno de Temple Street (p. 114), en Yau Ma Tei, sirven curris nepalíes; y en Kowloon City hay restaurantes y tiendas tailandesas muy auténticos.

Yoga Interactive Vegetarian VEGETARIANA, ASIÁTICA $

20 plano p. 98, C1

Sus platos vegetarianos asiáticos, preparados por un instructor de yoga, son de los mejores de la ciudad. Conviene reservar con al menos una semana de antelación, pero si solo hay uno o dos comensales, es posible conseguir mesa antes. Es un local hogareño al que se accede por un tramo de escaleras sobre la planta 14ª. (互動瑜伽素食; 852 3422 1195, 852 9327 7275; www.yogafitnesshk.com; 30 Hillwood Rd, 15B Changlin Ct, Tsim Sha Tsui; comidas 200 HK$; 12.00-15.00 y 19.00-22.00; ; M Jordan, salida D)

Spring Deer PATO PEKINÉS $$

21 plano p. 98, D3

Sirve el cordero asado al estilo norteño más auténtico de Hong Kong; pero su pato de Pekín, muy rico, aún es más famoso. Dicho esto, el servicio es tan acogedor como un invierno en Pekín hacia 1967. Imprescindible reservar. (鹿鳴春飯店; 852 2366 4012; 1ª planta, 42 Mody Rd, Tsim Sha Tsui; comidas 80-500 HK$; 12.00-15.00 y 18.00-23.00; M East Tsim Sha Tsui, salida N2)

Yè Shanghai DIM SUM $$

22 plano p. 98, B4

Su nombre significa "noches de Shanghái". Decorado en madera oscura y luces suaves, se inspira en el Shanghái de los años veinte y tiene un ambiente romántico. Sirve platos shanghaineses modernos. La única excepción a tanta armonía de Jiangnan son los *dim sum* cantoneses del almuerzo, pero son maravillosos. Es un local sofisticado con una estrella Michelin. (夜上海; 852 2376 3322; www.elite-concepts.com; 6ª planta, Marco Polo Hotel, Harbour City, Canton Rd, Tsim Sha Tsui; comidas 400-800 HK$; 11.30-14.30 y 18.00-22.30; ; M Tsim Sha Tsui, salida C2)

Din Tai Fung TAIWANESA, FIDEOS $$

23 plano p. 98, B3

Las sabrosas empanadillas de Shanghái y los ricos fideos al estilo norteño de esta cadena taiwanesa son ideales cuando apetece un buen plato de comida caliente o una dosis de carbohidratos. Suele haber cola y no acepta reservas, pero el servicio es excelente. Destacan platos como el *xiao long bao* (bolas de masa con sopa), los bollos al vapor rellenos de carne de cerdo y la costilla de cerdo. (鼎泰豐; 852 2730 6928; www.dintaifung.com.hk; tienda 130, 3ª planta, Silvercord, 30 Canton Rd, Tsim Sha Tsui; comidas 120-300 HK$; 11.30-22.30; ; M Tsim Sha Tsui, salida C1)

Hing Kee Restaurant CANTONESA $$

24 plano p. 98, C1

Refugio de celebridades, lo regenta la hija de un pescador, famosa por sus excelentes platos, que elabora como se preparaban en los sampanes. Los cangrejos con ajo frito, especialidad de la casa, son una maravilla. El servicio a veces es un poco tenso. Conviene saber el precio de cada plato antes de

BUSHTON3/GETTY IMAGES ©

Cha siu bao, típica comida hongkonesa.

pedir. (避風塘興記; 852 2722 0022; 1ª planta, Bowa House, 180 Nathan Rd, Tsim Sha Tsui; comidas 380-1200 HK$; 18.00-5.00; M Jordan, salida D)

Mammy Pancake POSTRES $

25 plano p. 98, C2

Local de comida para llevar que sirve unos de los mejores *eggettes* de Hong Kong, gofres en forma de huevo que los lugareños adoran. Los hay normales o de sabores originales: té verde, castaña, boniato, algodón de carne de cerdo... También hacen sándwiches con ellos, rellenos de mantequilla de cacahuete y leche condensada. Tardan 15 min en prepararlos. (媽咪雞蛋仔; 8-12 Carnarvon Rd, Tsim Sha Tsui; gofres de huevos 16-28 HK$; 11.30-21.00 do-ju, hasta 22.30 vi y sa; M Tsim Sha Tsui, salida D2)

Tak Fat Beef Balls FIDEOS $

26 plano p. 98, B3

Este famoso *dai pai dong* (puesto de comida) es uno de los que funcionan en el Haiphong Rd Temporary Market. Se elige un asiento bajo el ruido y se piden fideos con albóndigas de ternera, famosas por su vigor y su toque de piel de mandarina seca. El mercado está junto al antiguo templo de Fook Tak. Para llegar al *dai pai dong* se pasa por los puestos de flores y los de carne halal. (德發牛肉丸; Haiphong Rd, Tsim Sha Tsui; fideos con albóndigas 28 HK$; 9.00-20.00; M Tsim Sha Tsui, salida A1)

Woo Cow

GUISOS $$

27 plano p. 98, D2

Este local dispone de una oferta de guisos: más de 200 ingredientes (frescos o caseros), 20 tipos de caldo (de sopa de almejas a caldo vegetal) y un aluvión de condimentos (¡todo lo que uno pueda echarle!). Con la carta pasa lo mismo y con el *sashimi*... Imprescindible reservar. (禾牛薈火焗館; Great Beef Hot Pot; 852 3997 3369; 1ª y 2ª planta, edificio China Insurance, 48 Cameron Rd, Tsim Sha Tsui; comidas 350-600 HK$; 17.30-2.00; M Tsim Sha Tsui, salida B3)

Woodlands

INDIA $

28 plano p. 98, D3

Sobre unos grandes almacenes, ofrece comida vegetariana india con excelente relación calidad-precio para sus compatriotas y algún que otro lugareño. Los glotones indecisos deberían pedir el menú *thali*, que se sirve en una gran bandeja redonda con 10 platillos, pan y postre. Las dosas son excelentes. (活蘭印度素食; 852 2369 3718; planta baja superior, 16 & 17 Wing On Plaza, 62 Mody Rd, Tsim Sha Tsui; comidas 70-180 HK$; 12.00-15.30 y 18.30-22.30; ; M East Tsim Sha Tsui, salida P1)

Dónde beber

Butler

BAR DE CÓCTELES

29 plano p. 98, D3

Un paraíso de los cócteles y el *whisky* en la zona residencial de Tsim Sha Tsui. Mientras el cliente hojea las revistas, los camareros crean brebajes mágicos con el estilo y la precisión de un mezclador de Ginza. Destacan los cócteles al limón. Es una discreta y bienvenida incorporación al panorama de bares de Tsim Sha Tsui. (852 2724 3828; 5ª planta, Mody House, 30 Mody Rd, Tsim Sha Tsui; copas 200 HK$; 18.30-3.00 lu-vi, hasta 2.00 sa y do; M East Tsim Sha Tsui, salida N2)

Amuse

BAR

30 plano p. 98, D1

Bar con ambiente de bistró frecuentado por oficinistas y universitarios locales que toman cerveza, buenos vinos y cócteles originales. El mejor sitio son los sofás de piel junto a los grandes ventanales. La mesa común es ideal para conocer gente; y las banquetas, para tener un poco de intimidad. (852 2317 1988; 4 Austin Ave, Tsim Sha Tsui; 17.00-4.00 lu-vi, 18.00-4.00 sa, 18.00-3.00 do; ; M Jordan, salida D)

Aqua

BAR

31 plano p. 98, B3

Al caer la noche uno comprende por qué este bar tiene muebles negros y poca luz: sus grandes ventanales, que llegan hasta el techo y abarcan dos plantas, ofrecen grandes vistas del perfil urbano de la isla de Hong Kong iluminado. Las mesas junto a las ventanas son perfectas para una cita. Los fines de semana los DJ pinchan música *hip-hop* y *lounge jazz*. (852 3427 2288; www.aqua.com.hk; 29ª y 30ª plan-

Chungking Mansions (p. 110).

ta, 1 Peking Rd, Tsim Sha Tsui; 16.00-2.00, *happy hour* 16.00-18.00; ; M Tsim Sha Tsui, salida L5)

InterContinental Lobby Lounge

BAR

32 plano p. 98, C4

Sus ventanales y su posición en el paseo marítimo hacen de este bar uno de los mejores sitios para admirar el perfil urbano de la isla de Hong Kong y el puerto, aunque el cliente 'paga' semejante privilegio. También es ideal para ver el festival de luces, a las 20.00. (852 2721 1211; www.hongkong-ic.intercontinental.com; Hotel InterContinental Hong Kong, 18 Salisbury Rd, Tsim Sha Tsui; 7.00-0.30; ; M East Tsim Sha Tsui, salida J)

De compras

Initial

MODA

Se trata de una atractiva tienda y café (véase 27 plano p. 98, D2) que vende ropa urbana elegante y multifuncional, con influencias europeas y japonesas. Las prendas de diseñadores locales se complementan con zapatos, bolsos y joyas de importación. (www.initialfashion.com; tienda 2, 48 Cameron Rd, Tsim Sha Tsui; 11.30-23.30; M Tsim Sha Tsui, salida B2)

Harbour City
CENTRO COMERCIAL

33 plano p. 98, B3

Un local enorme, con 700 tiendas, 50 locales de restauración, y cinco cines. Hay tiendas *outlet* separadas en cuatro zonas: infantil, deportes, moda y cosmética y belleza. Casi todas las grandes marcas están representadas. (www.harbourcity.com.hk; 3-9 Canton Rd, Tsim Sha Tsui; 10.00-22.00; M Tsim Sha Tsui, salida C1)

Vida local

La península del hombre pobre

Los términos "alojamiento económico" y "Hong Kong" convergen en Chungking Mansions (CKM). Construido en 1961 enfrente de Nathan Rd desde el Peninsula (plano p. 98, C3), es un laberinto de casas, pensiones, restaurantes indios, puestos de recuerdos y casas de cambio repartidas en cinco bloques de 17 plantas. Según el antropólogo Gordon Mathews, tiene unos 4000 residentes y 10 000 visitantes diarios estimados. En un solo año, más de 120 nacionalidades diferentes cruzan sus puertas.

Es divertido visitar CKM para vivir el ambiente e ir de compras; los colmados del sureste asiático, las tiendas indias de bisutería y los restaurantes indios son muy recomendables. Siempre hay vendedores callejeros con todo tipo de mercancía, de relojes de imitación a plantas misteriosas; pero lo mejor es ignorarlos. A los aficionados del cine les gustará saber que cerca de aquí, en Mirador Mansion –no en Chungking Mansions–, Wong Kar-wai rodó la mayor parte de *Chungking Express* (1994).

Swindon Books
LIBROS

34 plano p. 98, C3

Es una de las mejores librerías de la ciudad, con una selección excelente y un personal que sabe lo que vende. Destacan los libros locales y de historia. (852 2366 8001; www.swindonbooks.com/; 13-15 Lock Rd, Tsim Sha Tsui; 9.00-18.00 lu-vi, hasta 1.00 sa; M Tsim Sha Tsui, salida A1)

K11 Select
ACCESORIOS, MODA

35 plano p. 98, C3

En el centro comercial **K11** (18 Hanoi Rd, Tsim Sha Tsui; M East Tsim Sha Tsui, salida D2), esta tienda reúne en un solo local lo mejor de los diseñadores hongkoneses, como las teatrales prendas de Daydream Nation o los accesorios unisex de Kapok. (tienda 101, K11, 18 Hanoi Rd, Tsim Sha Tsui; 10.00-22.00)

Rise Shopping Arcade
MODA

36 plano p. 98, D2

Pequeño centro comercial repleto de moda urbana económica de Hong Kong, Corea y Japón, con prendas de imitación incluidas. La mejor hora para visitarlo es de 16.00 a 20.30, cuando abren la mayoría de las tiendas. (利時商場; 5-11 Granville Circuit, Tsim Sha Tsui; 15.00-21.00; M Tsim Sha Tsui, salida B2)

Comprender

El ABC del taoísmo

Los templos custodiados por dioses de aspecto feroz suelen ser taoístas. El taoísmo es una religión local que surge de las raíces chamánicas de la civilización china. Aunque no es una religión nacional, su influencia fue omnipresente en la vida china desde la dinastía Tang a la Ming. A diferencia de las religiones evangélicas, obsesionadas por las cruzadas y la conversión, el taoísmo se ocupa de necesidades prácticas, como curas de enfermedades, protección ante los malos espíritus y requerimientos funerarios.

En la construcción

Los proyectos de construcción siempre van precedidos por un ritual para apaciguar a los dioses de la naturaleza, como el dios de la Tierra. Se presentan ofrendas de frutas en un santuario improvisado y se encienden varitas de incienso. Antes de rodar una película o de abrir una tienda se celebran rituales similares. Tener contentos a los dioses es importante por motivos de salud, seguridad y por el *feng shui*, creencia influida por el taoísmo.

En funerales

Casi todos los rituales funerarios de Hong Kong están presididos por especialistas en taoísmo. Más pintorescos que las ceremonias budistas, los ritos taoístas incluyen cantos de escrituras, música con un pequeño tambor llamado *muyu* y gestos curiosos como esparcir flores para eliminar rencores.

Templos taoístas

En las primeras dos semanas del Año Nuevo Lunar, millones de personas en Hong Kong visitan los templos taoístas. Suelen estar más decorados que los templos budistas y no hay monjas ni monjes, solo especialistas en rituales que pueden casarse y tener hijos.

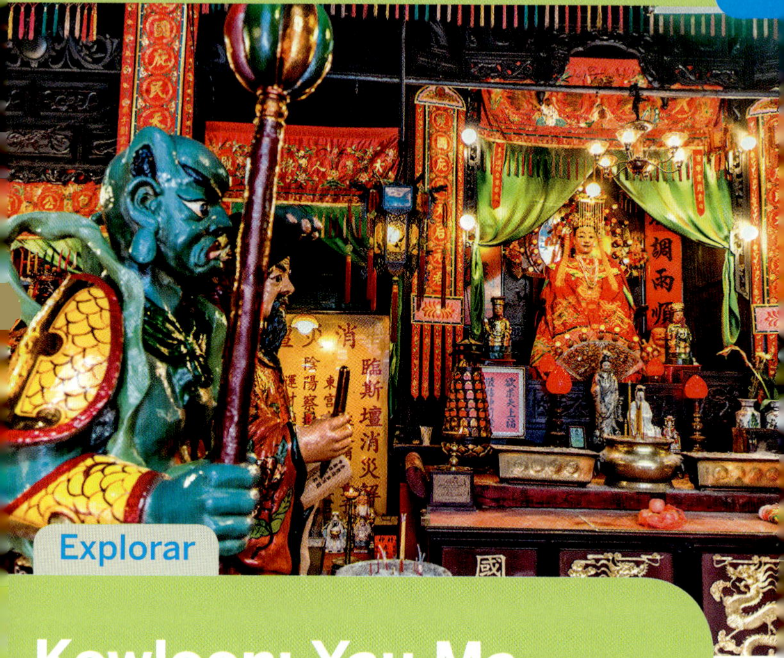

Explorar

Kowloon: Yau Ma Tei y Mong Kok

Yau Ma Tei, “el lugar (*tei*) donde los pescadores impermeabilizaban sus barcos con aceite (*yau*) y reparaban las cuerdas de cáñamo (*ma*)”, ofrece al viajero el Hong Kong más tradicional. El congestionado Mong Kok (Prosperous Point) está repleto de tiendas de electrónica, moda, joyas y menaje de cocina, pero también han surgido algunos oasis culturales.

Lo mejor en un día

Hay que desayunar en **Mido Café** (p. 120), en Yau Ma Tei, ver el **templo de Tin Hau** (p. 118), el **mercado de jade** (p. 122) y pasear por **Shanghai Street** (p. 118), curioseando en las tiendas tradicionales. Todo lleva unas 2 h.

Se almuerza ligero en **Nathan Congee and Noodle** (p. 120) antes de ir al norte hacia Mong Kok a visitar el histórico edificio **Lui Seng Chun** (p. 117) y la galería de arte, **C&G Artpartment** (p. 117). Si hay tiempo, se puede buscar regalos y recuerdos curiosos en los minicentros comerciales de Mong Kok, como **Yue Hwa Chinese Products Emporium** (p. 123).

Hay que cenar bajo las estrellas en el **mercado nocturno de Temple Street** (p. 114) y divertirse en **Canton Singing House** (p. 122) al más puro estilo hongkonés.

Principales puntos de interés

Mercado nocturno de Temple Street (p. 114)

Lo mejor

Tiendas

Yue Hwa Chinese Products Emporium (p. 123)

Chan Wah Kee Cutlery Store (p. 122)

Mercados

Mercado nocturno de Temple Street (p. 114)

Mercado de fruta al por mayor (p. 118)

Mercado de las mujeres (p. 122)

Cómo llegar

M Metro Estaciones de Jordan, Yau Ma Tei y Mong Kok (Tsuen Wanline).

Autobus Los nº 2, 6, 6A y 9.

Principales puntos de interés

Mercado nocturno de Temple Street

El mercado más animado de Hong Kong va de Man Ming Lane a Nanking Stand y queda dividido por el templo de Tin Hau. Es un sitio genial, por su ambiente alegre, los olores y sabores de los puestos de comida, alguna actuación ocasional de ópera cantonesa, las compras y la adivinación.

廟街夜市

plano p. 116, B4

Temple St, Yau Ma Tei

6-23.00

M Yau Ma Tei, salida C

De compras

Si bien más al norte, en Kowloon, hay más gangas, comprar aquí es divertido. Los puestos están llenos de ropa, relojes, calzado, menaje de cocina y artículos de uso diario a precios bajos. Los precios de las etiquetas son mera sugerencia; hay que regatear.

Comida de calle

Para cenar al fresco hay que ir a Woo Sung St, paralela al este, o a la sección de Temple St al norte del templo. Se puede comer de todo, de un bol de fideos a una tortilla de ostras al estilo Chiu Chow, por entre 30 y 300 HK$. También hay restaurantes de marisco y de guisos.

Adivinación

Cada atardecer una bandada de adivinos monta sus tiendas en medio del mercado, donde ofrecen sus predicciones (desde 100 HK$) leyendo el rostro, la palma de la mano o por la fecha de nacimiento. Algunos tienen pájaros entrenados para elegir las cartas "de la fortuna". La mayoría hablan inglés.

Locales para cantar de Temple Street

Un elemento de interés en Yau Ma Tei son sus locales para cantar (歌廳). Surgieron hace 20 años como refugio de los músicos callejeros en los días de lluvia. Son muy básicos, con mesas, escenario, lucecitas de Navidad, su propio organista y un grupo de cantantes *freelance*, chicas que acompañan a los clientes y les persuaden para que canten con ellas o pidan un tema, pagando. El repertorio varía entre piezas de ópera china y canciones clásicas en inglés. Son sitios de clientela habitual, tipos curiosos del barrio, hombres mayores que beben *whisky* y conocen a todas las chicas.

☑ Consejos

- La mayoría de los vendedores no ponen precio a sus productos, pero otros sí; sirven como referencia para regatear.
- Hay 'ganchos' que atraen a los turistas a sus puestos de comida; no hace falta resistirse, son todos iguales.
- El mejor momento del mercado es de 19.00 a 22.00, cuando hay más puestos y gente.

Una pausa

- Además de los *dai pai dongs* (puestos de comida) del mercado, se puede ir a **Osama Tony** (☎852 2755 5090; 122 Woo Sung St, Jordan; comidas 40-80 HK$; ⏲12.00-23.00; Ⓜ Jordan, salida A) a comer *xiao long bao* (bolas de masa con sopa) y pasteles de nabo a buen precio.
- Es buena idea tomar té con leche y una tostada con huevo en Australia Dairy Company antes de acostarse (p. 119).

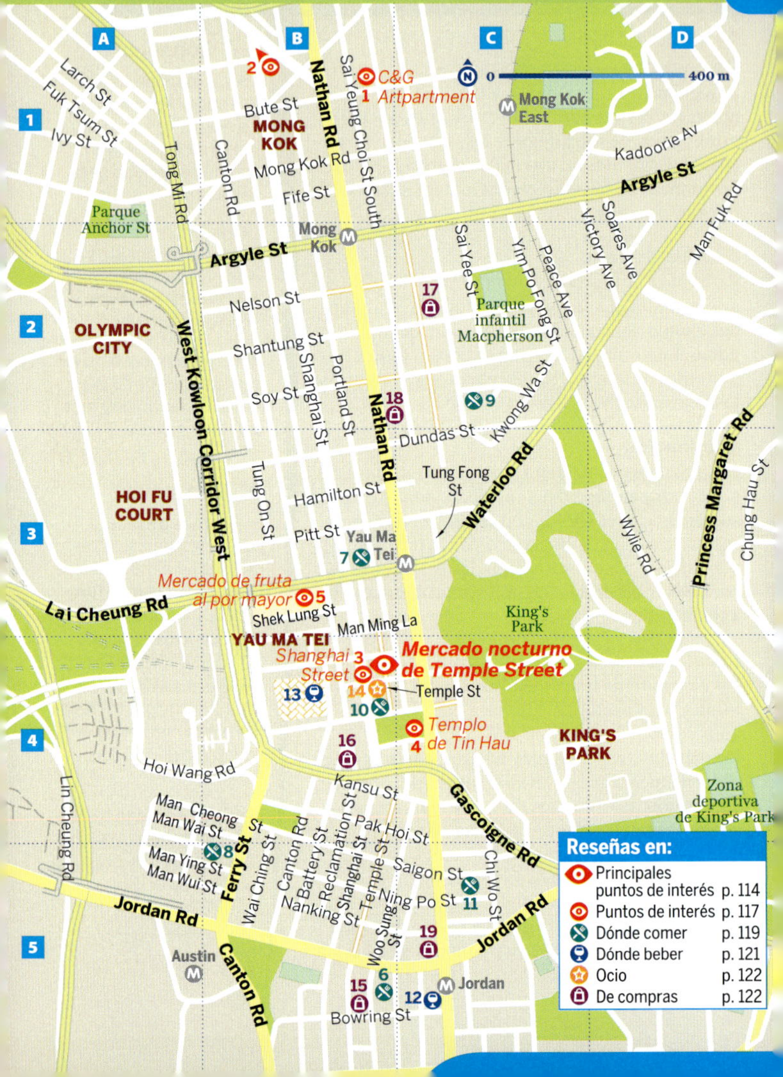
A
B
C
D
1
2
3
4
5
0
400 m
2
C&G
1 Artpartment
Mong Kok
East
Larch St
Fuk Tsum St
Ivy St
Bute St
MONG
KOK
Nathan Rd
Sai Yeung Choi St South
Tong Mi Rd
Canton Rd
Mong Kok Rd
Fife St
Kadoorie Av
Argyle St
Parque
Anchor St
Mong
Kok
Argyle St
Sai Yee St
Yim Po Fong St
Peace Ave
Victory Ave
Soares Ave
Man Fuk Rd
17
Parque
infantil
Macpherson
Nelson St
OLYMPIC
CITY
West Kowloon Corridor West
Shantung St
Shanghai St
Portland St
Soy St
Nathan Rd
18
9
Kwong Wa St
Dundas St
Waterloo Rd
Princess Margaret Rd
Chung Hau St
Tung On St
Hamilton St
Tung Fong
St
HOI FU
COURT
Pitt St
Yau Ma
Tei
7
Wylie Rd
Mercado de fruta
al por mayor
5
Lai Cheung Rd
Shek Lung St
Man Ming La
King's
Park
YAU MA TEI
Shanghai 3
Street
Mercado nocturno
de Temple Street
13
14
Temple St
10
Templo
4 de Tin Hau
16
KING'S
PARK
Hoi Wang Rd
Kansu St
Gascoigne Rd
Zona
deportiva
de King's Park
Lin Cheung Rd
Man Cheong St
Man Wai St
8
Man Ying St
Man Wui St
Ferry St
Wai Ching St
Canton Rd
Battery St
Reclamation St
Shanghai St
Temple St
Pak Hoi St
Saigon St
Ning Po St
11
Chi Wo St
Nanking St
Woo Sung St
Jordan Rd
Jordan Rd
19
Austin
Canton Rd
6
15
12
Jordan
Bowring St
Reseñas en:
Principales puntos de interés p. 114
Puntos de interés p. 117
Dónde comer p. 119
Dónde beber p. 121
Ocio p. 122
De compras p. 122

STEVECIMAGES/GETTY IMAGES ©

Lui Seng Chun.

Puntos de interés

C&G Artpartment GALERÍA

1 plano p. 116, B1

Clara y Gum, fundadores de este moderno espacio artístico tras el Pioneer Centre (始創中心), sienten pasión por nutrir al arte local y representar a artistas de temática social. Cuando celebran eventos cierran tarde, véase su web para más información. (852 2390 9332; www.candg-artpartment.com; 3ª planta, 222 Sai Yeung Choi St S, Mong Kok; 14.00-19.30 ju, vi, do y lu, desde 11.00 sa; M Prince Edward, salida B2)

Lui Seng Chun EDIFICIO HISTÓRICO

2 plano p. 116, B1

Esta bonita casa-tienda china de cuatro plantas ocupa una esquina y pertenece a una escuela de medicina china. Construida hacia 1931, mezcla estilos arquitectónicos chinos y europeos; con verandas amplias, balaustradas en forma de urna y otros detalles de villa italiana neoclásica. La planta baja, con una tienda de infusiones, está abierta al público; la superior puede visitarse en circuitos guiados (gratuitos, si uno se apunta antes). Los circuitos son en cantonés, pero las exposiciones tienen indicaciones bilingües. (雷春生堂; 852 3411 0628; http://scm.hkbu.edu.hk/lsctour; 119 Lai Chi Kok Rd esq. Tong Mi Rd,

Mong Kok; entrada gratis; circuito guiado 14.30 y 16.00 lu-vi, 9.30 y 11.00 sa, consulta 9.00-13.00 y 14.00-20.00 lu-sa, 9.00-13.00 do; M Prince Edward, salida C2)

Shanghai Street

CALLE

3 plano p. 116, B4

Pasear por Shanghai St es retroceder al pasado. Antaño calle principal de Kowloon, está llena de tiendas que venden trajes de boda chinos, incienso de sándalo y estatuas de Buda, pero también hay locales de *mah-jong* y una antigua casa de empeños (en la intersección con Saigon St). Es ideal para comprar recuerdos, como moldes de madera para pasteles de luna con imágenes de peces, cerdos, o dichos de la suerte; cestas de bambú para cocinar al vapor, palillos largos para remover guisos y bellos boles de cerámica. (上海街; Yau Ma Tei; M Yau Ma Tei, salida C)

Vida local

Tatuarse en Hong Kong

El artista tatuador **Nic Tse** (美華刺青; 852 2757 0027, 852 6333 5352; kowloonink@gmail.com; 4ª planta, 703 Shanghai St, Mong Kok; 1000 HK$/h; M Prince Edward, salida C1) tiene un repertorio con diseños abstractos contemporáneos, frases poéticas y detalles minimalistas. Los interesados en tatuarse deben escribirle un correo electrónico lo antes posible para concretar detalles y reservar cita en su estudio (plano p. 116, B1). Pagos en efectivo o vía PayPal.

Templo de Tin Hau

TEMPLO TAOÍSTA

4 plano p. 116, C4

Este gran santuario lleno de incienso se construyó en el s. XIX y es uno de los templos dedicados a Tin Hau (diosa del mar) más famosos de Hong Kong. La plaza pública de delante es el núcleo social de Yau Ma Tei, donde antaño los pescadores ponían a secar sus cuerdas de cáñamo, junto a las higueras de Bengala que hoy dan sombra a jugadores de ajedrez y ancianos. (天后廟; 852 2385 0759; www.ctc.org.hk; Temple St esq. Public Square St, Yau Ma Tei; 8.00-17.00; M Yau Ma Tei, salida C)

Mercado de fruta al por mayor

MERCADO

5 plano p. 116, B3

Este histórico mercado, aún en activo, se fundó en 1913 y es un conjunto de edificios de una y dos plantas de ladrillo y piedra, con rótulos anteriores a la II Guerra Mundial. Bulle de actividad de 4.00 a 6.00, cuando los camiones cargan la fruta fresca y los trabajadores, sin camisa, transportan montones de cajas. El mercado queda delimitado por Ferry St, Waterloo Rd y Reclamation St, y Shek Lung St lo atraviesa. (油麻地果欄; Shek Lung St esq. Reclamation St, Yau Ma Tei; 2.00-6.00; M Yau Ma Tei, salida B2)

Templo de Tin Hau.

Dónde comer

Australia Dairy Company CAFÉ $

6 plano p. 116, B5

Largas esperas y un servicio tosco son la norma en este *cha chaan teng* (bar de tés) tan querido de Hong Kong, famoso por sus sándwiches de huevos revueltos, su sopa de macarrones con jamón y su pudín de leche. (澳洲牛奶公司; ☎852 2730 1356; 47-49 Parkes St, Jordan; comidas 30-50 HK$; ⏲7.30-23.00 mi-lu; Ⓜ Jordan salida C2)

Sun Sin FIDEOS $

7 plano p. 116, B3

Local especializado en carne y alabado por la guía Michelin, situado en un barrio de prostíbulos. Ha sabido mantener la calidad y los precios (bajos) a pesar de su fama. Sirve suculentas piezas de carne en caldo con nabos, salsa de tomate o curri. En las horas punta improvisa mesas en el piso de arriba para quienes prefieran la comida a la comodidad. (新仙清湯腩; ☎852 2332 6872; 37 Portland St, Yau Ma Tei; comidas 40-65 HK$; ⏲11.00-24.00; Ⓜ Yau Ma Tei, salida B2)

BBQ Lobster

BARBACOA $

8 plano p. 116, B5

La más cómoda de tres sucursales vecinas, atrae a los glotones de Hong Kong con brochetas a la parrilla idénticas a las de Soho pero un 30-50% más baratas. Con langostinos de 17 cm por solo 17 HK$ la pieza y abundantes opciones vegetarianas, la norma es darse un festín; y entre una brocheta y otra, un buen sorbo de Hoegaarden o de vino blanco con aroma cítrico. (龍蝦燒; 852 2374 9888; 7 Man Ying St, Ferry Point, Yau Ma Tei; brochetas 12-35 HK$; 17.00-3.00; ; M Jordan, salida A)

Comprender

El 'mah-jong malote'

Shanghai St, en Yau Ma Tei, alberga unos cuantos locales de *mah-jong* (麻將館). En los años cincuenta, este juego para cuatro era tan popular que los británicos, a pesar de su política antiapuestas, empezaron a conceder licencias a estos locales. En su mejor época hubo más de 150; hoy solo quedan algunas docenas. Con mucha luz y llenos de humo, solían aparecer en las películas de gánsteres, ya que se asociaban a las tríadas, la mafia hongkonesa. Hoy, con la policía al acecho, no son más que el ruidoso patio de recreo de los jugadores. Casi todos estos locales tienen rótulos que rezan '麻將娛樂' (ocio mah-jong). Se puede entrar a echar un vistazo, pero está prohibido hacer fotografías.

Good Hope Noodle

FIDEOS $

9 plano p. 116, C2

Con 40 años de historia, conserva su recomendación de la Guía Michelin y sus fans. Los fideos de huevo al dente, los bocaditos de wontón y el sedoso arroz *congee* llevan décadas ganándose el corazón de los clientes y siguen cocinándose al estilo tradicional, aunque se sirvan en un entorno moderno. (好旺角麵家; 852 2384 6898; tienda 5-6, 18 Fa Yuen St, Mong Kok; comidas 30-90 HK$; 11.00-00.45; M Mong Kok, salida D3)

Mido Café

CAFÉ $

10 plano p. 116, B4

Un *cha chaan tang* (bar de tés, 1950) de estilo *retro*, con mosaicos de azulejos y celosías metálicas, en una esquina que cobra vida al atardecer. En la primera planta hay vistas al templo de Tin Hau. Su ambiente lo convierte en el café más famoso de Kowloon, a pesar de que la comida y el servicio son pasables. (美都餐室; 852 2384 6402; 63 Temple St, Yau Ma Tei; comidas 40-90 HK$; 9.00-22.00; M Yau Ma Tei, salida B2)

Nathan Congee and Noodle

FIDEOS $

11 plano p. 116, C5

Restaurante sencillo que lleva medio siglo preparando excelentes fideos y arroz *congee*. Se puede pedir un plato de buñuelos (y mojarlos en el *congee*),

Colgantes a la venta en el mercado de jade.

empanadilla de arroz con forma de pirámide o piel de pescado escaldada con perejil y cacahuetes. (彌敦粥麵家; ☎852 2771 4285; 11 Saigon St, Yau Ma Tei; comidas 60 HK$; ⌚7.30-23.30; M Jordan, salida B2)

Dónde beber

Boo

BAR

12 plano p. 116, C5

Este sencillo bar de ambiente de Nathan Rd parece atraer a la comunidad gay local. Todos los sábados hay sesión de DJ a partir de las 21.00. (☎852 2736 6168; 5ª planta, Pearl Oriental Tower, 225 Nathan Rd, Jordan; ⌚19.00-2.00 do-ju, hasta 4.00 vi, 21.00-4.00 Sat, *happy hour* 19.00-21.00; M Jordan, salida C1)

Kubrick Bookshop Café

CAFÉ

13 plano p. 116, B4

Este amplio café-librería junto a la **Broadway Cinematheque** (百老匯電影中心; ☎852 2388 3188; planta baja, Prosperous Gardens, 3 Public Square St, Yau Ma Tei; M Yau Ma Tei, salida C) sirve buen café y platos simples, y atrae a una clientela ecléctica de aires bohemios. Mientras uno espera su café, puede echar un vistazo a los libros de arte, cine y estudios culturales. (☎852 2384 8929; www.kubrick.com.hk; tienda H2, Prosperous Garden, 3 Public Square St, Yau Ma Tei; ⌚11.30-21.30; M Yau Ma Tei, salida C)

Ocio

Canton Singing House — MÚSICA EN DIRECTO

14 ★ plano p. 116, B4

Es uno de los locales para cantar más antiguos y carismáticos; parece el escenario de una película, con sus bolas de discoteca y sus santuarios brillantes. En cada sesión actúan 20 cantantes, y si les gusta una canción, los clientes dejan una propina mínima de 20 HK$ (por cliente). (艶陽天; 49-51 Temple St, Yau Ma Tei; 20 HK$; ⏲15.00-19.00 y 20.00-5.00; M Yau Ma Tei, salida C)

Jyut Wan Go Zo — MÚSICA EN DIRECTO

Veterano local para cantar (véase 14 ☆ plano p. 116, B4) grande y ajado. Por 50 HK$, el cliente puede pedir un tema o cantar. (粵韻歌座; Yuèyùn Gēzuò; 53-57 Temple St, Yau Ma Tei; 20 HK$; ⏲15.30-19.30 y 20.00-4.00; M Yau Ma Tei, salida C)

De compras

Chan Wah Kee Cutlery Store — ARTÍCULOS DEL HOGAR

15 🛍 plano p. 116, B5

En esta humilde tienda, el octogenario Sr. Chan, uno de los pocos maestros afiladores de cuchillos que quedan en Asia, usa nueve piedras distintas para afilar cada hoja. Si uno le trae una cuchilla, cobra entre 100 y 600 HK$, con tres meses de espera; si se la compra a él –y tiene una gran selección–, la afilará al momento. (陳華記刀莊; ☎852 2730 4091; 278D Temple St, Yau Ma Tei; ⏲11.00-18.00 ju-ma; M Jordan, salida C2)

Shanghai Street — MERCADO

En el distrito de la cocina de Kowloon (véase 3 ◉ plano p. 116, B4) se venden recuerdos culinarios, como moldes de madera para el pastel de luna, palillos, woks y teteras. (上海街; Yau Ma Tei; M Yau Ma Tei, salida C)

Mercado de jade — MERCADO

16 🛍 plano p. 116, B4

Este mercado cubierto, dividido en dos partes por Battery St, tiene cientos de puestos que venden piezas de jade de todos los tipos, pero a menos que uno sepa distinguir una nefrita de una jadeíta, no conviene comprar piezas caras. Algunos de los mejores artículos del mercado no tienen nada que ver con el jade, como los collares y brazaletes de cuentas de cerámica antiguos, o de cuentas de madera con el símbolo de la doble felicidad. (玉器市場; Battery St y Kansu St, Yau Ma Tei; ⏲10.00-18.00; M Yau Ma Tei, salida C)

Mercado de las mujeres — MERCADO

17 🛍 plano p. 116, C2

El mercado de Tung Choi St (Ladies' Market) es un conjunto de puestos apiñados que venden ropa a precios bajos y baratijas. Empieza a las 12.00 y lo ideal es visitarlo entre 13.00 y 18.00, cuando hay más oferta. Atención, porque las tallas de las prendas suelen ser para complexiones asiáticas. Es genial para vivir el ambiente local. (通菜街, 女人街; mercado de Tung Choi St; Tung Choi St; ⏲12.00-23.30; M Mong Kok, salida D3)

Sino Centre
CENTRO COMERCIAL

18 plano p. 116, B2

Dedicado a todo lo relacionado con la animación y los cómics asiáticos, ofrece una perspectiva de la cultura local. Sus pequeñas tiendas venden números antiguos y nuevos de manga japonés, figuritas, videojuegos antiguos y otros 'juguetes' que atraen a muchos compradores. (信和中心; 582-592 Nathan Rd, Mong Kok; ⏲10.00-22.00; M Yau Ma Tei, salida A2)

Yue Hwa Chinese Products Emporium
GRANDES ALMACENES

19 plano p. 116, C5

Este coloso de cinco plantas es uno de los pocos grandes almacenes chinos antiguos que quedan en la ciudad. Vende pañuelos de seda, ropa de bebé tradicional, zapatillas bordadas, joyas y bisutería, palillos decorados, maniquíes de plástico para la acupuntura y artículos de caligrafía, entre otros. La planta superior está dedicada al té y se ofrecen catas gratis. (裕華國貨; ☎852 3511 2222; www.yuehwa.com; 301-309 Nathan Rd, Jordan; ⏲10.00-22.00; M Jordan, salida A)

Comprender

Hong Kong oculto

'Feng shui'

Su traducción literal es "viento agua" y el *feng shui* (o geomancia) tiene por objetivo el equilibrio entre los elementos naturales para crear un entorno armónico. Se practica desde el s. XII y sigue influenciando el diseño de todo Hong Kong, de los rascacielos a las autopistas. Para ahuyentar a los espíritus malignos, que solo se desplazan en línea recta, las puertas se colocan en ángulo entre ellas; lo ideal es que casas y negocios tengan vistas a aguas calmadas, aunque sean las de un acuario.

Adivinación

Un método común de adivinación son los *chim*, las varas de la suerte de bambú que hay en los templos. Se sacude un bote lleno de varas pensando en un problema hasta que una de ellas cae al suelo y le ofrece la respuesta: cada vara lleva el número de un breve poema impreso en una tira de papel que custodia el guardián del templo. Hay que llevar la vara caída al guardián, canjearla por el papel y pedirle a un adivino que lo interprete.

Principales puntos de interés
Templo de Sik Sik Yuen Wong Tai Sin

Cómo llegar

El templo queda al norte de la estación MTR de Wong Tai Sin, en medio de Wong Tai Sin.

Ⓜ **MTR** Wong Tai Sin, salida B2

Este templo, un remolino sensorial de tejados y pilares, intrincadas celosías, puentes, flores e incienso, se alzó en 1973 y llama a todas las clases sociales de Hong Kong, desde pensionistas hasta magnates, oficinistas y estudiantes. Algunos lugareños incluso se casan en él, ya que es un templo taoísta para celebrar bodas.

Wong Tai Sin

El recinto está dedicado a un sanador divinizado llamado Wong Tai Sin, quien, cuando era pastor en la provincia de Zhejiang, convirtió rocas en ovejas, según cuentan. De hecho, todo el barrio lleva su nombre, algo irónico teniendo en cuenta que él era un ermitaño. Cuando Wong tenía 15 años un inmortal le enseñó a preparar una poción de hierbas para curar una enfermedad. Por ello, le adoran los enfermos y quienes desean evitar una enfermedad. El término "Wong Tai Sin" también es sinónimo de persona magnánima.

Altar principal y jardines

Las ceremonias taoístas se celebran en el altar principal. La imagen de la deidad llegó a Hong Kong desde la provincia de Cantón en 1915. Detrás del altar a la derecha se hallan los jardines de los buenos deseos, llenos de pabellones (la hexagonal sala del Unicornio, con puertas y ventanas talladas, es el más bello), puentes en zigzag y estanques de carpas.

Cerca del templo: convento Chi Lin

A una parada MTR del templo se halla este impresionante convento budista (p. 125), reconstruido totalmente en madera en 1998 –sin un solo clavo– como un monasterio de la dinastía Tang. El jardín Nan Lian, de 3,5 Ha, unido al convento, se construyó al estilo de los jardines de la dinastía Tang y tiene un estanque koi, pinos budistas y una pagoda.

嗇色園黃大仙祠

☎852 2351 5640, 852 2327 8141

www.siksikyuen.org.hk

2 Chuk Yuen Village, Wong Tai Sin

donativo 2 HK$

⏲7.00-17.30

Ⓜ Wong Tai Sin, salida B2

☑ Consejos

▸ Se puede aprovechar para ir a ver el **convento Chi Lin** (志蓮淨苑; ☎852 2354 1888; www.chilin.org; 5 Chi Lin Dr, Diamond Hill; gratis; ⏲convento 9.00-16.30, jardín 6.30-19.00; Ⓜ Diamond Hill, salida C2)

✂ Una pausa

▸ Ir a Diamond Hill y comer en el restaurante **Chi Lin Vegetarian** (志蓮素齋, 龍門樓; Long Men Lou; ☎852 3658 9388; 60 Fung Tak Rd, Nan Lian Garden; comidas desde 200 HK$; ⏲12.00-21.00 lu-vi, 11.30-21.00 sa y do; 🖉; Ⓜ Diamond Hill, salida C2).

▸ Otra opción es ir 1 km al sur, a Kowloon City: hay excelente comida tailandesa.

Principales puntos de interés
Buda Tian Tan

Cómo llegar

Ferri Outlying Islands Terminal, Central Pier 6 a Mui Wo, isla de Lantau

MTR Tung Chung

Autobús El nº2 desde Mui Wo, nº 23 desde Tung Chung

Con 23 m de altura (10 plantas), el Buda Tian Tan de la meseta de Ngong Ping, en la isla de Lantau, es el Buda sedente de bronce más alto del mundo. Se ve al llegar en avión a Hong Kong o desde Macao los días claros, pero nada es comparable a ver de cerca este icono espiritual, a más de 500 m sobre el nivel del mar en las colinas occidentales de Lantau.

El Gran Buda

Desvelada en 1993, esta enorme estatua de Gautama es obra de China Aerospace Science and Technology, diseñadores de las naves espaciales chinas.

Merece la pena subir los 268 escalones para verla de cerca, con las vistas que la rodean. En el segundo nivel del podio hay una exposición de óleos y placas de cerámica sobre la vida de Buda y sus enseñanzas. La enorme campana informatizada del interior suena 108 veces al día como símbolo de la huida de los "108 problemas de la humanidad". A los visitantes se les pide vestir y comportarse con decoro. Está prohibida la entrada de carne y alcohol en el recinto.

El aniversario del Buda, fiesta oficial en abril o mayo, es buen momento para visitar la estatua, con miles de personas que acuden a verla en peregrinaje.

Monasterio de Po Lin

Este gran recinto budista construido en 1924 es más un cebo de turistas que un retiro religioso. La mayor parte de los edificios que se ven son nuevos; los más viejos y sencillos quedan escondidos detrás.

Ngong Ping 360

La forma más espectacular de subir a la meseta es con el teleférico **Ngong Ping 360** (昂平360纜車; adultos/niños/reducida ida 130/65/90 HK$, ida y vuelta 185/95/130 HK$; 10.00-18.00 lu-vi, 9.00-18.30 sa, do y festivos), que recorre 5,7 km y une Ngong Ping con Tung Chung, en la parte baja de la colina. El trayecto, sobre la bahía y los montes, dura 25 min.

寶蓮禪寺

852 2985 5248

Isla de Lantau

9.00-18.00

Consejos

- Reservar en línea los billetes del teleférico para evitar una parte de las colas.
- El Crystal Car, con el suelo de cristal, bien vale los 60 HK$ de más que cuesta, y tiene líneas más cortas.
- Si la espera del teleférico es demasiado larga, se puede subir en autobús y bajar en teleférico.

Una pausa

- El restaurante del monasterio, **Po Lin Vegetarian** (寶蓮禪寺齋堂; 852 2985 5248; Ngong Ping; menú normal/de lujo 60/100 HK$; 11.30-16.30;), sirve cocina budista sin carne.
- A la izquierda del monasterio hay una pequeña tienda de tentempiés con ricos dulces caseros.

Explorar

Excursión a Macao

Puede que la Región Administrativa Especial de Macao sea conocida como "Las Vegas de Oriente", pero es mucho más que un montón de casinos. En ella se mezclan fortalezas, catedrales y calles que evocan el estilo de sus dominadores de antaño, los portugueses, con templos y santuarios chinos. Ninguna visita a Macao está completa sin probar la comida macaense, una deliciosa celebración del hibridismo.

Lo mejor en un día

Se dedican 2 h a las **ruinas de la iglesia de San Pablo** (p. 130), su **pequeño museo** (p. 131) y el **Museo de Macao** (p. 138) en Fortaleza do Monte. Se puede ir al suroeste por las callejuelas hacia el Inner Harbour, parando en la **Casa del Mandarín** (p. 137) y en la **iglesia del Seminario de San José** (p. 131). Para comer, **Clube Militar de Macau** (p. 139).

Tras la comida, se va al norte hasta el **barrio de la Iglesia de San Lázaro** (p. 137) a curiosear en sus tiendas y galerías. Después se sube a la **Fortaleza da Guia** (p. 136) para admirar la bella **capilla de Nossa Senhora da Guia** (p. 136), sin olvidar el faro y las vistas panorámicas de la ciudad. Si hay tiempo, se puede ir a ver el **templo de Kun Iam** (p. 138), el más antiguo de Macao.

Hay que cenar en **António** (p. 139), en Taipa. Se regresa a la península de Macao para ir de copas y escuchar música en directo en **Macau Soul** (p. 139) o ir a **Studio City** (p. 140).

Para pasar un día en Macao como un lugareño, véase p. 132.

Principales puntos de interés

Ruinas de la iglesia de San Pablo (p. 130)

Vida local

Explorar las islas de Taipa y Coloane (p. 132)

Lo mejor

Restaurantes

António (p. 139)

Clube Militar de Macau (p. 139)

Cafe Nga Tim (p. 133)

Bares

Macau Soul (p. 139)

Single Origin (p. 140)

Cómo llegar

Ferri Tomar el TurboJet desde la terminal de ferris Hong Kong-Macao o la Terminal China Ferry. El trayecto dura 1 h.

Principales puntos de interés
Ruinas de la iglesia de San Pablo

Es una majestuosa puerta a ninguna parte, pero las ruinas de esta iglesia son el icono más valioso de Macao. Fue diseñada por un jesuita italiano y construida en 1602 por cristianos japoneses exiliados y artesanos chinos. En 1835 un incendio la destruyó casi entera, salvo por la avejentada fachada y la majestuosa escalinata. Con esculturas y grabados conservados, que forman lo que algunos llaman "un sermón de piedra", es uno de los grandes monumentos del cristianismo en Asia.

大三巴牌坊, Ruinas de la Igreja de São Paulo

plano p. 134, B2

Travessa de São Paulo

gratis

8A, 17, 26, bajar en el Jardín Luís de Camões

Detalles asiáticos

La fachada está repleta de elementos asiáticos. En el tercer nivel se ve a la Virgen María ascendiendo al cielo acompañada por ángeles y dos flores: una peonia, que representa a China, y un crisantemo, símbolo de Japón. A su derecha se halla María matando a una hidra de siete cabezas y los kanji japoneses rezan: "la santa madre aplasta las cabezas del dragón". Se aconseja llevar unos prismáticos.

Museo y cripta

El pequeño **museo** (天主教藝術博物館和墓室, Museu de Arte Sacra e Cripta; gratis; 9.00-18.00) alberga tallas de madera policromadas, cálices de plata y óleos antiguos, incluida una copia de una pintura del s. XVII sobre la crucifixión de cristianos japoneses en Nagasaki. La cripta adyacente contiene los restos de mártires cristianos asiáticos y la tumba de Alessandro Valignano, a quien se le atribuye la fundación del cristianismo en Japón.

Cerca: iglesias

Con un dosel de concha sobre la entrada (europeo), vigas y travesaños (chinos) y la cúpula más antigua de China, la **iglesia del Seminario de San José** (聖若瑟修院及聖堂, Capela do Seminario São Jose; Rua do Seminario; iglesia 10.00-17.00; 9, 16, 18, 28B) es el ejemplo más bello que hay en Macao de arquitectura barroca tropical. La **iglesia de Santo Domingo** (玫瑰堂, Igreja de São Domingos; Largo de São Domingos; 10.00-18.00; 3, 6, 26A), barroca, del s. XVII y de color amarillo, tiene un bonito altar y un tesoro de arte sacro.

☑ Consejos

- Al salir de la cripta, ir hacia el sureste, al Museo de Macao (p. 138).
- Visitar el vecino barrio de la Iglesia de San Lázaro (p. 137), con algunas de las piezas arquitectónicas más bellas de la ciudad.

Una pausa

- Tomar un cóctel y escuchar algo de música en el vecino Macau Soul (p. 139).

Vida local
Explorar las islas de Taipa y Coloane

Taipa se creó a partir de dos islas unidas por los sedimentos del río de las Perlas. A su vez, Taipa y Coloane, están unidas por el istmo de Cotai, un terreno ganado al mar. Taipa se ha urbanizado con rapidez, aunque todavía hay tiendas tradicionales junto a bistrós macaenses. La pequeña isla de Coloane, antaño refugio de piratas, hoy conserva el antiguo estilo de vida de Macao.

1 Pueblo de Taipa

Tomar el autobús nº 22, 26 o 33 al pueblo, al sur de la isla, donde mejor se conserva la parte histórica de Taipa. Con muchas tiendas y algunos restaurantes excelentes, el pueblo está salpicado de villas coloniales, iglesias y antiguos templos. Avenida da Praia, un paseo marítimo flanqueado por árboles y bancos de hierro forjado, es ideal para pasear.

❷ Templo de Pak Tai

El **templo de Pak Tai** (Rua do Regedor; 22, 28A, 26) reposa en una fresca plaza enmarcada por árboles centenarios. Está dedicado a una deidad marcial, el dios taoísta (*tai*) del norte (*pak*), que venció al rey demonio que aterrorizaba el universo. El tercer día del tercer mes lunar acoge actuaciones de ópera cantonesa.

❸ Casa Museo de Taipa

Más allá hay **villas** (龍環葡韻住宅式博物館, Casa Museum da Taipa; 853 2882 7103; Avenida da Praia, zona de Carmo, Taipa; adultos/estudiantes 5/2 MOP, niños y séniors gratis, do gratis; 10.00-17.30 ma-do; 11, 15, 22, 28A, 30, 33, 34) de color pastel que antaño eran residencias veraniegas y que hoy son museos dedicados a las tradiciones portuguesas y a la vida local de principios del s. xx.

❹ Casas sobre pilotes de Coloane

A Coloane se llega con el autobús nº 21A desde la parada en Estrada Governador Nobrede Carvalho. En **Rua Dos Navegantes,** la antigua aldea de pescadores de Coloane, hay algunas casas sobre pilotes construidas en chapas de metal ondulado de colores, que servían como amarres de barcos-casas. Se ven cerca de **Largo do Casi,** la plaza junto al muelle viejo de Coloane. Desde la plaza, se toma la cuesta a la derecha del edificio Servicos de Alfangega, 2 min después se ve un astillero, también sobre pilotes.

❺ Capilla de San Francisco Javier

Uno de los puntos de interés de Coloane es esta **capilla** (聖方濟各教堂, Capela de São Francisco Xavier; Rua do Caetano, Largo Eduardo Marques, Coloane; 10.00-20.00; 15, 21A, 25, 26A), construida en 1928, que alberga pinturas de Jesucristo niño con una Virgen María china y otras piezas que ilustran la interrelación del cristianismo y el colonialismo.

❻ Comida chino-portuguesa

El paseo puede terminar con una comida chino-portuguesa en el vecino **Café Nga Tim** (雅憩花園餐廳; Rua do Caetano, Coloane; platos principales 70-200 MOP; 12.00-1.00; ; 21A, 25, 26A) para disfrutar del ambiente de pueblo o charlar con el propietario, un expolicía que toca la guitarra y el erhu, Feeling Wong. Antes de tomar el autobús de regreso a la península de Macao, hay que comprar un par de *pastéis de nata* en **Lord Stow's Bakery** (澳門安德魯餅店; 1 Rua da Tassara; pastelitos 9 MOP; 7.00-22.00 ju-ma, hasta 19.00 mi).

A
B
C
D
E
1
2
3
4
MAR DE LA CHINA MERIDIONAL
Ponte da Amizade Friendship Bridge
Av Norte da Amizade
Terminal de ferris del puesto exterior
Muelle de pescadores
4 Museo de Arte de Macao
Rua dos Pescadores
Embalse
Cementerio
7 Templo de Kum Iam
Av do Conselheiro Ferreira de Almeida
Colina Guia
Fortaleza y capilla da Guia
1
Avenida da Amizade
Rua de Luís Gonzaga Gomes
Avenida Xian Xing Hai
Av Dr Sun Yat Sen
NAPE
Rua de Paris
Avenida de Lisboa
Rua do Dr Rodrigo
Av do Dr Rodrigo
Jardim des Artes
Ponte Governador Nobre de Carvalho
Av do Coronel Mesquita
Av Horta e Costa
Jardín Lim Ioc
Plaza Tap Seac
2
13
Barrio de la Iglesia de San Lázaro
14
9
Red Market
Rua da Ribeira do Patane
Rotunda de Carlos da Maia
Estrada do Cemitério
6
8
Museo de Macao
10
16
Jardín y gruta Luís de Camões
Ruinas de la iglesia de San Pablo
12
Travessa de São Paulo
Av de Almeida Ribeiro
Rua Central
Baía da Praia (Lagos de Nam Van)
3
Leal Senado
Largo de St Agostinho
Avenida Doutor Stanley Ho
Av Dr Sun Yat Sen
Puerto interior
Rua do Almirante Sérgio
Canal Qianshan
Casa del Mandarín
5
Colina Penha
Lago Sai Van
Rua da Barra
Av da República
Rua de São Tiago da Barra

Puente Sai Van
Puente Macao-Taipa
Bahía Pak On
Estrada de Pac On
CIUDAD DE TAIPA
Taipa Pequena (111m)
Cementerio
Cementerio chino
Isla de Taipa
Cementerio
Taipa Grande (160m)
Estrada Lou Lim Ieok
Avenidade Kwong Tung
Rua de Seng Tou
Avenida Dr Sun Yat Sen
Largo des Bombeiros
PUEBLO DE TAIPA
Hipódromo
Rua do Regedor
17
11
Jardín Carmel
Jardín municipal
Rua Correia da Silva
Estrada da Baia de N Senhora da Esperanca
15
Reseñas en:
Principales puntos de interés p. 130
Puntos de interés p. 136
Dónde comer p. 139
Dónde beber p. 139
Ocio p. 141
De compras p. 141
0
1 km
A
B
C
D
E
5
6
7
8

Puntos de interés

Fortaleza da Guia y capilla da Guia
FUERTE, IGLESIA

1 plano p. 134, C2

Como punto más elevado de la península, el fuerte ofrece vistas panorámicas de la ciudad y, los días despejados, de las islas y de China. En la cima se halla la capilla de Nossa Senhora da Guia, de 1622, que conserva casi el 100% de sus elementos originales, incluidos algunos de los frescos más importantes de Asia. Junto a ella se alza el **faro** moderno más antiguo de la costa china (1865), una estructura de 15 m de altura cerrada al público. (東望洋炮台及聖母雪地殿聖堂, Fortaleza da Guia e Capela de Guia; gratis; fuerte 6.00-18.00, capilla 10.00-17.30; 2, 2A, 6A, 12, 17, 18, parada Flora Garden)

Plaza Tap Seac
PLAZA

2 plano p. 134, C2

Plaza rodeada de edificios históricos de los años veinte: la Oficina de Asuntos Culturales, el Tap Seac Health Centre, la Biblioteca Central, la Biblioteca del Archivo Histórico de Macao y la **Galería Tap Seac** (塔石藝文館, www.macauart.net/ts; 95 Avenida Conselheiro Ferreira de Almeida; 10.00-21.00;) diseñada por el arquitecto macaense Carlos Marreiros, también autor del Tap Seac Health Centre, versión contemporánea de los edificios neoclásicos de Macao. (塔石廣場, Praca do Tap Seac; 7, 8)

Leal Senado
EDIFICIO HISTÓRICO

3 plano p. 134, B2

Es el edificio histórico más importante de Macao, frente a Largo do Senado, y alberga el Instituto para os Assuntos Cívicos e Municipais (IACM). Se llama así porque la institución que albergaba rehusó reconocer el Gobierno español durante los 60 años en los que España ocupó Portugal. En 1654, 12 años después de que Portugal recuperara su soberanía, el rey João IV ordenó la colocación de una inscripción heráldica en el vestíbulo de la entrada, que todavía puede verse hoy. (民政總署大樓; 853 2857 2233; 163 Avenida de Almeida Ribeiro; 9.00-21.00 ma-do; 3, 6, 26A, 18A, 33, parada en Almeida Ribeiro)

Museo de Arte de Macao
MUSEO

4 plano p. 134, D3

Museo de cinco plantas con cuidadas exposiciones de arte macaense y chino, incluidos lienzos de artistas occidentales como George Chinnery, que vivió en el enclave. Destacan también los objetos de cerámica y de piedra de las excavaciones de Macao, la caligrafía de las dinastías Ming y Qing Guangdong, las estatuas de cerámica de Shiwan (Cantón) y los sellos grabados. El museo también alberga pinturas históricas occidentales del s. XIX de toda Asia y arte contemporáneo macaense. (澳門藝術博物館, Museu de Arte de Macau; 853 8791 9814; www.mam.gov.mo; Centro Cultural de Macao, Avenida Xian Xing Hai; adultos/niños 5/2 MOP, do gratis; 10.00-18.30 ma-do; 1A, 8, 12, 23)

Faro, fuerte y capilla de Guia.

Casa del Mandarín

EDIFICIO HISTÓRICO

5 plano p. 134, A3

Construida hacia 1869 y con más de 60 habitaciones, era el hogar ancestral de Zheng Guanying, un influyente escritor y mercader entre cuyos lectores se contaban emperadores, el Dr. Sun Yat-sen y el presidente Mao. El recinto cuenta con una puerta luna, apacibles patios, salas exquisitas y un salón principal con ventanas de estilo francés, todo ello distribuido según el típico estilo laberíntico de algunos edificios de época chinos. Hay circuitos guiados en cantonés los fines de semana por la tarde. (鄭家大屋, Caso do Mandarim; ☎853 2896 8820; www.wh.mo/mandarinhouse; 10 Travessa de Antonio da Silva; gratis; ⏰10.00-17.30 ju-ma; 🚌28B, 18)

Barrio de la Iglesia de San Lázaro

ZONA

6 plano p. 134, B2

Este encantador barrio con casas de estilo colonial y calles adoquinadas ofrece algunas de las mejores fotografías de Macao. Aquí se juntan diseñadores y otros personajes creativos, abren tiendas y organizan eventos artísticos. (瘋堂斜巷, Calçada da Igreja de São Lazaro; www.cipa.org.mo; 🚌7, 8)

Templo de Kun Iam TEMPLO BUDISTA

7 plano p. 134, C1

El templo más antiguo de Macao se fundó en el s. XIII, pero las construcciones actuales datan de 1627. Los tejados están embellecidos con figuritas de porcelana y los vestíbulos están profusamente decorados. En el interior del vestíbulo principal se alza una efigie de Kun Iam, diosa de la misericordia; y a la izquierda del altar hay una estatua de un arhat barbudo que, se rumorea, representa a Marco Polo. El primer tratado chino-estadounidense se firmó sobre una mesa redonda de piedra en los jardines de este templo en 1844. (觀音廟, templo de Kun Iam; 2 Avenida do Coronel Mesquita; 7.00-17.30; 1A, 10, 18A, parada Travessa de Venceslau de Morais)

Museo de Macao MUSEO

8 plano p. 134, B2

Este interesante museo en la Fortaleza do Monte ofrece una cata de la historia de Macao. La primera planta comprende la historia antigua del territorio, con una elaborada sección sobre las religiones de Macao. En la segunda planta destacan la recreación de una fábrica de petardos y una lectura del poeta macaense José dos Santos Ferreira (1919-1993) grabada en el dialecto local. La planta superior

Casa del Mandarín (p. 137).

está dedicada a la nueva arquitectura y los planes de desarrollo urbano. (澳門博物館 | Museu de Macau; ☎853 2835 7911; www.macaumuseum.gov.mo; 112 Praceta do Museu de Macau; entrada 15 MOP, gratis día 15 del mes; ⌚10.00-17.30 ma-do; 🚌7, 8, parada Social Welfare Bureau)

Red Market

MERCADO

9 plano p. 134, B1

Diseñado por el arquitecto macaense Júlio Alberto Basto, este edificio de tres plantas y estilo *art déco* alberga una torre del reloj y un alegre mercado. Está construido a base de ladrillos rojos, de ahí su nombre. (紅街市大樓, Mercado Almirante Lacerda; Avenida do Almirante Lacerda esq. Avenida Horta e Costa; ⌚7.30-19.30; 🚌23, 32)

Dónde comer

Clube Militar de Macau

PORTUGUESA $$

10 plano p. 134, B3

En un distinguido edificio colonial, con ventiladores que giran en el techo, este restaurante transporta al comensal hacia un Macao más apacible. La sencilla y deliciosa comida portuguesa se combina con una excelente selección de vinos y quesos de Portugal. El bufé de 153 MOP tiene una relación calidad-precio excelente. Hay que reservar para comer y cenar en fin de semana. (陸軍俱樂部; ☎853 2871 4000; 975 Avenida da Praia Grande; comidas 150-400 MOP; ⌚13.45-14.30 y 19.00-22.30 lu-vi, 12.00-14.30 y 19.00-22.00 sa y do; 🚌6, 28C)

António

PORTUGUESA $$$

11 plano p. 134, D8

El acogedor comedor de caoba, la cuidada carta y el simpático chef, António Coelho, lo convierten en el sitio ideal para comer cocina portuguesa tradicional. Si solo se puede ir a un restaurante portugués en Macao, que sea este. La ensalada de pulpo, la salchicha casera (servida en llamas) y el pollo africano son excepcionales. (安東尼奧; ☎853 2888 8668; www.antoniomacau.com; 7 Rua dos Clérigos, Taipa; comidas 350-1200 MOP; ⌚12.00-24.00; 🚌22, 26)

Dónde beber

Macau Soul

BAR

12 plano p. 134, B2

Elegante refugio de madera y vitrales donde, dos veces al mes, actúa una banda de *jazz* ante una sala llena. La mayoría de las noches suena la música de Thelonious Monk, mientras los clientes charlan con los propietarios y dudan sobre qué vino portugués elegir entre los más de 430 de la carta. El horario varía, hay que llamar antes. (澳感廊; ☎853 2836 5182; www.macausoul.com; 31a Rua de São Paulo; ⌚15.00-22.00 mi y ju, hasta 24.00 vi-do; 🚌8A, 17, 26)

GUOZHONGHUA/SHUTTERSTOCK ©

Studio City.

Single Origin CAFÉ

13 plano p. 134, C2

En una esquina, este amplio café del profesional cafetero Keith Fong sirve buenos expresos. Ofrece una selección diaria de 10 variedades de varias regiones; los expertos camareros estarán encantados de asesorar al viajero. (單品; 853 6698 7475; 19 Rua de Abreu Nunes; café 35 MOP; 11.30-20.00 lu-sa, 14.00-19.00 do; ; 2, 4, 7, 7A, 8)

Lung Wah Tea House CANTONESA $

14 plano p. 134, C1

Los muebles *retro* y su disposición azarosa en esta amplia tetería cantonesa (c. 1963) tienen cierto encanto. Es buena idea sentarse junto a las ventanas que dan al Red Market, donde la tetería compra a diario. No hay carta en inglés. Vende una exquisita selección de tés chinos. (龍華茶樓; 853 2857 4456; 3 Rua Norte do Mercado Aim-Lacerda; *dim sum* desde 14 MOP, té 10 MOP, comidas 50-180 MOP; 7.00-14.00; ; 23, 32)

Ocio

Studio City CASINO

15 plano p. 134, E8

Este nuevo casino se reconoce de lejos por el gran 8 dorado de su fachada, una noria doble con vistas a la franja de Cotai. Inspirado en Hollywood, es uno de los casinos más familiares de Macao, ya que cuenta con un parque temático de Warner Brothers en su interior y un simulador de vuelo (muy entretenido) de Batman (150 MOP). Además del casino, hay un hotel de 1600 habitaciones, un centro comercial, grandes espectáculos de magia y una zona de restauración inspirada en el antiguo Macao. (853 8865 8888; www.studiocity-macau.com; Estrada Flor de Lotus, Cotai; ; 25, 26A)

De compras

Livraria Portuguesa LIBROS, REGALOS

16 plano p. 134, B2

En pleno barrio histórico de Macao, tiene dos plantas llenas de libros en inglés y portugués, incluidas algunas obras de cocina macaense difíciles de encontrar. También vende objetos de regalo, como jabones y perfumes portugueses de importación. Fundada hace más de 30 años, es uno de los pocos sitios de Macao donde se oye portugués. (853 2851 5915; Rua do São Domingos 18; 11.00-19.00; 3, 4, 6A, 8A, 19, 33)

Cunha Bazaar REGALOS Y RECUERDOS

17 plano p. 134, D8

Tienda de cuatro plantas en la esquina de la calle peatonal Rua do Cunha, de Taipa, y meca de los regalos *made in* Macao: camisetas, dulces y otros artículos. En la planta baja se vende comida tradicional, como galletas de almendra y cecina, y la 1ª planta está dedicada a los productos con la imagen del Soda Panda, típico de Macao, un personaje de expresión huraña con aficiones macaenses como comer pastelitos al huevo y jugar a la ruleta. Las otras dos plantas están dedicadas a artículos de piel, cerámica, cuadernos, bocetos y prendas de diseñadores locales. (www.cunhabazaar.com; Rua do Cunha 33-35, Taipa; 9.30-22.00)

Lo mejor de **Hong Kong**

Los mejores paseos

El barrio mayorista de Hong Kong . . . 144
Las calles olvidadas de Wan Chai . . 146
Tsim Sha Tsui . . . 148

Lo mejor

Vistas . . . 150
Templos . . . 151
Arquitectura . . . 152
Museos y galerías . . . 154
Parques y jardines . . . 155
De compras . . . 156
Mercados . . . 158
Actividades . . . 159
Cenas selectas . . . 160
Comida económica y de calle . . . 162
'Dim sum' . . . 164
Cultura . . . 165
Dónde beber y vida nocturna . . . 166
Comunidad homosexual . . . 168
Ocio . . . 169
Para niños . . . 170
Hong Kong gratis . . . 172

Circuito en junco por el puerto de Hong Kong (p. 159).
IAKOV KALININ/GETTY IMAGES ©

Los mejores paseos
El barrio mayorista de Hong Kong

El paseo

Sheung Wan se convirtió en eje comercial a mediados del s. XIX, cuando la agitación en China hizo que sus ejecutivos huyeran a Hong Kong y abrieran negocios en este barrio, comerciando con marisco seco, hierbas aromáticas y arroz. A medida que llegaban más emigrantes, la zona de Tai Ping Shan St pasó a ser el núcleo de la comunidad china, con sus propios templos y pompas fúnebres. Sheung Wang también está vinculado al Dr. Sun Yat-sen, que estudió allí y, después, como revolucionario, organizó reuniones secretas en la zona.

Inicio Tranvía Kennedy Town, parada Sutherland St.

Final Ⓜ Sheung Wan, salida B

Distancia 1,9 km; 1 h

Una pausa

Mrs Pound (p. 35)

CLAUDIO ZACCHERINI/SHUTTERSTOCK ©

Tiendas de marisco seco en el mercado de Sheung Wan.

❶ Tiendas de marisco seco

Desde la parada Sutherland St del tranvía Kennedy Town, mirar (y olisquear) las tiendas de marisco seco de Des Voeux Rd West, con todo tipo de criaturas marinas desecadas, enteras o por partes: vieiras, orejas de mar, pepinos de mar, ostras, conchas y vejigas natatorias.

❷ Herboristerías medicinales

Ir a Ko Shing St, al sur, a ver los productos de las herboristerías. Al final de Ko Shing St, volver a Des Voeux Rd West y andar al noreste. Seguir por Connaught Rd Central y pasar ante el edificio eduardiano del **Western Market.**

❸ Tiendas de ginseng y nidos de aves

En la esquina de Morrison St, ir al sur hacia Wing Lok St y Bonham Strand, ambas llenas de tiendas que venden ginseng y nidos comestibles de aves, hechos de saliva de salangana linchi, que se consumen (en sopa dulce) por su capacidad para regenerar las células humanas.

❹ Templos de Tai Ping Shan

Torcer a la derecha en Queen's Rd Central y pasar por las tiendas de ofrendas funerarias de papel. Subir por Possession St, torcer a la derecha por Hollywood Rd, a la izquierda por Po Yan Stand y a la izquierda hacia Tai Ping Shan St, donde se alzan tres templos: a la derecha, el **salón ancestral de Pak Sing** (p. 32) y el **templo de Kwun Yum;** y a la izquierda, el **templo de Tai Sui.**

❺ Tiendas de antigüedades

Seguir Upper Station St hasta las tiendas de antigüedades de Hollywood Rd, con una gran selección de curiosidades, réplicas y tesoros chinos.

❻ Templo de Man Mo

Yendo hacia el este por Hollywood Rd se llega al **templo de Man Mo** (p. 28), uno de los más antiguos del territorio, dedicado a los dioses civil y marcial Man Cheung y Kwan Yu. Desde allí tomar el autobús n° 26 o ir al norte hacia el puerto hasta la estación MTR de Sheung Wan en Des Voeux Rd.

Los mejores paseos
Las calles olvidadas de Wan Chai

El paseo

El litoral de Wan Chai seguía las vías del tranvía en Johnston Rd hasta que el empeño por recuperar terreno al mar empujó la línea de costa hacia el norte. Entonces la zona de Queen's Rd East y Johnston Rd era una aldea pesquera con templos con vistas al mar. Tras la llegada de los británicos se construyeron astilleros en la bahía y muchos europeos erigieron sus hogares en los cerros al sur de Queen's Rd East. Aunque el nuevo Wan Chai es un vibrante barrio comercial, con rascacielos y hoteles de cinco estrellas, para los amantes de la exploración es más interesante la parte sur de las vías del tranvía.

Inicio Templo de Pak Tai Ⓜ Wan Chai, salida A3

Final Star St Ⓜ Admiralty, salida F

Distancia 1,2 km; 2 h

Una pausa

Stone Nullah Tavern (p. 77)

PSGXXX/SHUTTERSTOCK ©

Blue House (p. 70).

❶ Templo de Pak Tai

A un paseo de 5 min al sur de la estación MTR de Wan Chai, pasada Johnston Rd, se halla el **templo de Pak Tai** (p. 70), construido hace 150 años por residentes locales.

❷ Blue House

Más allá, bajando por Stone Nullah Lane, la **Blue House** (p. 70) muestra cómo era la vida en Wan Chai en el siglo pasado (sin lavabos con cisterna). La Blue House se pintó de su actual color durante una reforma en los años veinte, porque el Gobierno tenía un excedente de pintura azul.

❸ Antigua oficina de correos de Wan Chai

Ir al oeste por Queen's Rd East y ver la fachada de estilo *streamline moderne* del centro comercial que era el mercado de Wan Chai. Antaño núcleo del barrio, durante la II Guerra Mundial, las tropas japonesas lo usaron de tanatorio. La vieja oficina de correos de Wan Chai, de estilo colonial, en el nº 221 de Queen's Rd East, es la más antigua de Hong Kong (1913).

❹ Spring Garden Lane

Cruzar la calle para ver Spring Garden Lane, una de las primeras zonas urbanizadas por los británicos. Un comerciante inglés alzó allí su residencia, Spring Gardens, y Spring Garden Lane era el tramo que había entre las puertas norte y sur. En el s. xx fue una zona de prostíbulos.

❺ La casa encantada de Wan Chai

Regresar al lado sur de Queen's Rd East. Visitar el interior del **templo de Hung Shing** (p. 70), antaño santuario costero. Torcer al oeste, subir por Ship St y plantarse ante la **Ghost House,** en el nº 55 de Nam Koo Terrace, de historia lúgubre: los japoneses la usaban como prostíbulo durante la II Guerra Mundial con "mujeres de consuelo"; esto es, esclavas sexuales.

❻ Star Street

Tranquilo rincón de Wan Chai donde lo antiguo, como el *dai pai dong* familiar de St Francis St, coexiste con lo nuevo: tiendas y cafés *hipsters.* En el nº 31 de Wing Fung St hay un edificio de seis plantas con balcones de estilo *art déco.* A la parada MTR de Admiralty se puede llegar por una escalera mecánica y un pasillo móvil subterráneo al que se accede por la parte baja de Wing Fung St.

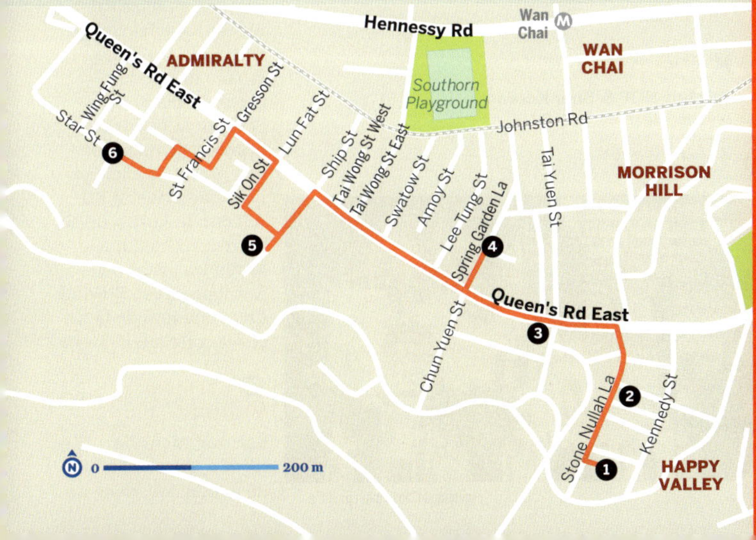

Los mejores paseos
Tsim Sha Tsui

Al principio de la era colonial, Tsim Sha Tsui (TST) era una ciudad jardín de europeos. Nathan Rd estaba flanqueada por casas coloniales y se habían plantado bayanes para ganar sombra. Los chinos no tuvieron permiso para vivir en TST hasta comienzos del s. XX, cuando se convirtió en un eje comercial. Tras la victoria de Mao en 1949, muchos ejecutivos de Shanghái se trasladaron a Hong Kong y algunos se instalaron en TST. En la parte norte del distrito hay edificios de la posguerra, que antaño fueron los hogares de este grupo étnico chino.

Inicio Former Kowloon British School; Ⓜ Tsim Sha Tsui, salida B1

Final Jordan Path; Ⓜ Jordan, salida A

Distancia 2,5 km; 2 h

Una pausa

Chicken HOF & Soju Korean (p. 105)

JANE SWEENEY/GETTY IMAGES ©

Iglesia del Rosario (p. 102).

❶ Former Kowloon British School

Para llegar a esta antigua **escuela** (p. 101), torcer a la derecha desde la salida B1 de la estación MTR de Tsim Sha Tsui e ir al norte por Nathan Rd. Al lado está la **iglesia anglicana de San Andrés** (p. 101), la más antigua de esta confesión en Kowloon. Más al norte, en Nathan Rd, torcer a la derecha hacia Austin Rd, antaño reducto de migrantes shanghaianos.

❷ Edificio Pak On

Visitar el edificio Pak On (百安大廈), entre Austin Rd y Tak Shing St, con un vestíbulo repleto de tiendas. Cerca de Tak Shing St hay una tienda de licores regentada por una pareja de ancianos. Regresar a Austin Rd. Allí donde Austin Rd se bifurca en Austin Ave se ven las pistas del Kowloon Green Bowling Club, una joya de la época colonial.

❸ Carnival Mansion

Carnival Mansion (嘉華大廈), en el nº 15 de Austin Ave, tiene un patio desde donde contemplar un remolino de casas de posguerra. En el interior de los edificios hay escaleras con balaustradas verdes, construidas por artesanos shanghaianos.

4 Aseo triangular

En el exterior de Carnival Mansion se ve el curioso **aseo público triangular** (三角公厠) que también es una pequeña planta generadora. Seguir por Austin Ave y torcer a la izquierda por Chatham Rd South. La católica **iglesia del Rosario** (p. 102), la más antigua de Kowloon, está junto al **St Mary's Canossian College** (嘉諾撒聖瑪利書院), de 1900.

5 Gun Club Hill Barracks

En el gran cruce, torcer a la izquierda hacia Austin Rd. Al otro lado, y custodiadas por cañones, se ven las puertas de **Gun Club Hill Barracks** (槍會山軍營), hoy sede del Ejército Popular de Liberación. Torcer por la avenida arbolada (Jordan Path) junto a las puertas.

6 Jordan Path

Se ven los edificios funcionales (del Ejército), a la derecha, y las cuidadas zonas verdes de los clubes recreativos coloniales, a la izquierda. Antes de llegar a Jordan Rd está el **Hospital PLA** (解放軍駐軍醫院), de ventanas oscuras. Tras cruzar Cox's Rd se llega a la anglicana iglesia **Kowloon Union,** de estilo victoriano. Seguir por Jordan Rd hacia la estación Jordan del MTR.

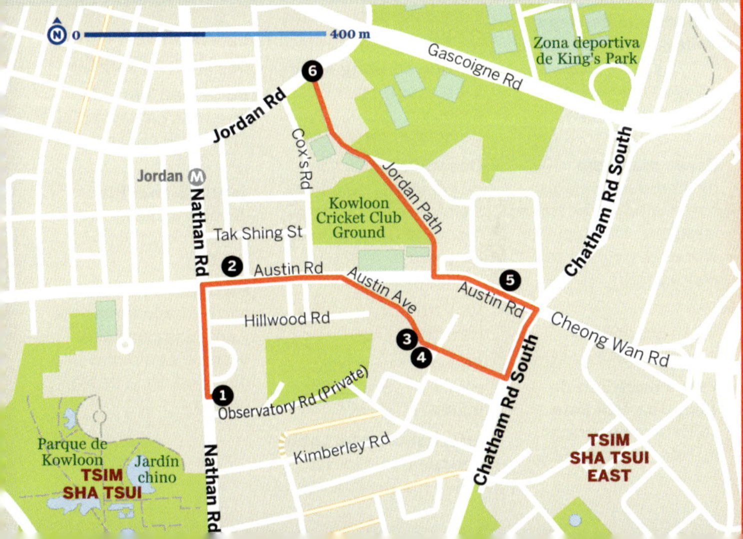

Lo mejor Vistas

Las mejores vistas a la altura de los ojos

Star Ferry Esta histórica flota de ferris es la mejor forma de ver el famoso puerto de Hong Kong (p. 176).

Escalera mecánica entre Central y Mid-levels Soho y Sheung Wan son una fiesta móvil (p. 49).

Tranvías Para ver la ciudad en un carrusel de imágenes (p. 39).

Hipódromo de Happy Valley Entre montes y rascacielos, los caballos galopan bajo potentes luces al anochecer (p. 62).

Paseo marítimo de Aberdeen Veleros y barcos pesqueros surcan las aguas del refugio de tifones que Hollywood adora (p. 87).

Los mejores miradores

Paseo marítimo de Tsim Sha Tsui Este La vista más icónica de Hong Kong (p. 96).

Hong Kong Monetary Authority Information Centre Impresionantes vistas desde la planta 55ª en Victoria Harbour (p. 35).

Torre del Bank of China Las vistas desde la planta 42ª alcanzan hasta la península de Kowloon (p. 32).

Las mejores vistas desde un parque

Pico Victoria La isla de Hong Kong y Kowloon a lo lejos desde las alturas (p. 42).

Parque de Hong Kong Combinación de rascacielos y montañas, típica de Hong Kong (p. 64).

Ocean Park Dos líneas de teleféricos surcan el cielo entre la colina y el mar de la China Meridional (p. 87).

Las mejores vistas desde un bar

Sevva Tan cerca del edificio HSBC que casi marea (p. 38).

InterContinental Lobby Lounge Como las de paseo marítimo de Tsim Sha Tsui Este, pero con aire acondicionado (p. 109).

MARIA SWARD/GETTY IMAGES ©

Aqua Spirit Espectacular visión del perfil urbano de la isla, sobre todo de noche (p. 108).

Las mejores vistas desde una colina

Buda Tian Tan Vista de isla de Lantau a 523 m sobre el nivel del mar (p. 126).

Jardín Signal Hill Vistas del puerto desde una loma en Tsim Sha Tsui (p. 102).

Fortaleza da Guia El perfil urbano de casinos y edificios coloniales desde el punto más alto de la península de Macao (p. 136).

Lo mejor Templos

Los templos de mayor relieve histórico

Templo de Man Mo Antaño tribunal de arbitraje para los chinos que desconfiaban de los tribunales británicos (p. 28).

Templo de Hung Shing (Wan Chai) Dedicado al dios de los navegantes, está sobre una roca (p. 70).

Templo de Hung Shing (Ap Lei Chau) Frente al puerto y construido por pescadores en el s. XVIII (p. 88).

Salón Ancestral Pak Sing Servía de clínica y de salón ancestral público para los pobres (p. 32).

Templo de Kun Iam Templo budista de Macao que fue escenario de la firma de un importante tratado en 1844 (p. 138).

Los mejores templos no taoístas

Templo Sij de Khalsa Diwan El mayor templo sij de la ciudad acoge a creyentes y no creyentes (p. 67).

Monasterio Chi Lin Arquitectura que imita el estilo de la dinastía Tang y jardines budistas a juego (p. 125).

Monasterio Po Lin Merece la pena visitar la isla de Lantau para ver el Gran Buda (p. 127).

Templo de Kun Iam Templo budista de Macao con figuritas de cerámica y una decoración muy vistosa (p. 138).

Los mejores templos urbanos

Templo de Tin Hau Humilde recinto en la plaza pública de Yau Ma Tei (p. 118).

Templo de Hung Shing (Wan Chai) Oscuro y misterioso, tiene vistas a una calle muy concurrida (p. 70).

Templo de Man Mo El más famoso de Hong Kong, entre Central y Sheung Wan (p. 28).

Templo de Pak Tai Majestuosa construcción en Wan Chai con estatuas de deidades (p. 70).

HATCHAPONG PALURTCHAIVONG/SHUTTERSTOCK ©

Antiguo templo de Fook Tak Este pequeño exsantuario lleno de humo es el único templo de Tsim Sha Tsui (p. 101).

Los templos más impactantes

Templo de Sik Sik Yuen Wong Tai Sin Ruidoso, pintoresco, llamativo y rodeado de rascacielos (p. 124).

Templo de Man Mo Tiene varas de incienso que cuelgan del techo (p. 28).

Buda Tian Tan Es la estatua exterior de un buda sedente de bronce más alta del mundo, puede verse desde el avión (p. 126).

Templo de Kun Iam Figuritas de cerámica en el tejado y una ornamentada decoración en los vestíbulos (p. 138).

Lo mejor
Arquitectura

Durante siglos Hong Kong ha albergado todo tipo de construcciones: de templos taoístas y fortalezas de la dinastía Qing a iglesias victorianas y hoteles eduardianos. Hasta hace poco, el eterno ciclo de deconstrucción y construcción de la ciudad sustituía antiguos edificios con encanto por maravillas modernas. Hoy se espera que los edificios antiguos de interés arquitectónico sean restaurados y revitalizados, aunque dicha práctica dista de ser norma.

China tradicional

Los únicos ejemplos de arquitectura china precolonial que conserva Hong Kong son los templos de Tin Hau y los de Hung Shing, de principios y mediados del s. XIX, incluidos los de Yau Ma Tei, Wan Chai y Ap Lei Chau. Para ver edificios más antiguos se puede ir a los Nuevos Territorios, donde hay aldeas amuralladas, fortalezas y pagodas.

Arquitectura colonial

La mayor parte de la arquitectura colonial que se conserva está en la isla de Hong Kong, sobre todo en Central, si bien Tsim Sha Tsui, en la península de Kowloon, también posee algunos ejemplos. Casi toda la arquitectura colonial de Hong Kong y Macao incluye adaptaciones al clima tropical, como tejas resistentes a tifones; a la vez, algunos edificios chinos tienen detalles de estilo occidental.

Arquitectura moderna

Los fans de la arquitectura lo pasan bien en Hong Kong. Central y Wan Chai son maravillosos escaparates de edificios modernos y contemporáneos, muchos de ellos diseñados por arquitectos famosos.

ILONGLOVEKING/SHUTTERSTOCK ©

☑ Consejos

- En la web de la **Oficina de Antigüedades y Monumentos** de **Hong Kong** (☎852 2721 2326; www.amo.gov.hk; 136 Nathan Rd, Tsim Sha Tsui; ⏲9.00-17.00 lu-sa; Ⓜ Tsim Sha Tsui, salida A2) se listan las construcciones históricas. También se puede ir a la oficina, en la Former Kowloon British School (p. 101), en Tsim Sha Tsui.
- Para conocer los trabajos de conservación de Hong Kong, véase www.heritage.gov.hk.

Los mejores edificios chinos de los ss. XVIII y XIX

Templo de Tin Hau El conjunto de templos de tejas verdes que dio nombre a Temple Street (p. 118).

Templo de Man Mo El templo más conocido de Hong Kong, fundado por mercaderes chinos en Sheung Wan (p. 28).

Templo de Hung Shing (Ap Lei Chau) Construido por pescadores para venerar al dios de los navegantes (p. 88).

Salón ancestral de Pak Sing Antaño clínica, tanatorio y salón ancestral público (p. 32).

Templo de Kun Iam En este templo budista de Macao se firmó un importante tratado (p. 138).

Los mejores edificios coloniales

Comisaría Central de Policía Prisión, magistratura y comisaría de estilos victoriano tardío y otros (p. 49).

Antigua Jefatura de la Policía Marítima Uno de los edificios gubernamentales más antiguos (c. 1884) que quedan (p. 99).

Torre del Reloj La única estructura que se conserva de la línea férrea Kowloon-Cantón está junto al puerto (p. 25).

Torre Blackhead Point Torre eduardiana con la cual los barcos ajustaban sus relojes (p. 102).

Antiguos barracones de Victoria Transformados en las instalaciones de la Asia Society (p. 71).

Flagstaff House Es el edificio colonial más antiguo (1846) de Hong Kong conservado en su emplazamiento original (p. 65).

Catedral de San Juan De estilo gótico victoriano, tiene vitrales con escenas de la vida local de Hong Kong (p. 35).

Ruinas de la iglesia de San Pablo Fachada de estilo europeo del sur con detalles asiáticos (arriba, izda.; p. 130).

Béthanie Arquitectura colonial francesa para un sanatorio de sacerdotes (p. 88).

La mejor arquitectura de fusión

Ruinas de la iglesia de San Pablo Ruinas del s. XVI en Macao. Estilo europeo del sur con detalles asiáticos (p. 130).

Casa del Mandarín Residencia china en Macao, con ventanas de estilo francés y otros detalles europeos (p. 137).

Los mejores edificios modernos

Edificio HSBC De estilo moderno tardío de alta tecnología, creada por Norman Foster (p. 26).

Torre del Bank of China Torre de cubos diseñada por I. M. Pei (p. 32).

Plaza Tap Seac Versión contemporánea de los edificios macaenses neoclásicos de estilo europeo del sur (p. 136).

Lo mejor
Museos y galerías

Las mejores colecciones

Museo de Arte de Hong Kong Arte hongkonés moderno y contemporáneo, y arte chino antiguo (p. 97).

Museo de Historia de Hong Kong Cuenta la historia de Hong Kong de una forma original (p. 99).

Museo de Arte de Macao Obras de artistas chinos, macaenses y occidentales de Macao, además de cerámica de Shiwan (p. 136).

Museo Liangyi Muebles clásicos chinos y tocadores europeos de inspiración oriental (p. 33).

Blindspot Gallery Dedicada a la obra de los fotógrafos de Hong Kong (p. 89).

El mejor arte que se puede comprar

Grotto Fine Art Una de las pocas galerías dedicadas al mejor arte hongkonés (p. 57).

Los mejores espacios artísticos populares

C&G Artpartment Espacio con conciencia social en el centro de Mong Kok (p. 117).

Los espacios artísticos más entretenidos

Comix Home Base Fascinante introducción a los cómics hongkoneses en un recinto histórico (p. 71).

Museo de Utensilios de Té Flagstaff House Boles, bandejas y teteras (p. 65).

Museo de la Ciencia de Hong Kong Todos los fenómenos naturales explicados (p. 103).

Museo del Espacio de Hong Kong Para 'andar' sobre la Luna y comer "helado de astronauta" (p. 103).

Museo de Historia de Hong Kong Muestras interactivas y réplicas a escala real, en especial en la galería "Hong Kong Story". (p. 99)

LONELY PLANET/GETTY IMAGES ©

- **Hong Kong Art Walk** (www.hongkongartwalk.com; ⌚mar) tiene más de 60 galerías en la isla de Hong Kong que, una noche del mes de marzo, abren sus puertas a visitantes y les invitan a comida y bebida.
- Art Basel Hong Kong (p. 78), en mayo, congrega a cientos de galerías y marchantes de arte de todo el mundo para atraer a potenciales compradores y coleccionistas.

Lo mejor Parques y jardines

La mejor belleza no natural

Jardines del pico Victoria Un jardín 'victoriano' restaurado en la residencia veraniega de un antiguo gobernador (p. 43).

Parque de Hong Kong Cascadas y estanques artificiales con aves acuáticas; ideal para fotos de boda (p. 64).

Jardín Nan Lian Arquitectura que imita el estilo de la dinastía Tang y jardines de pinos budistas (p. 125).

Los más recónditos

Jardines del pico Victoria Hay que subir al pico Victoria (p. 43).

Jardín Signal Hill El rincón más tranquilo de Tsim Sha Tsui (p. 102).

Jardín Nan Lian Con pagodas y pinos budistas; unido al convento Chi Lin (arriba, dcha.; p. 125).

Middle Road Children's Playground Entre semana lo frecuentan ancianos y trabajadores extranjeros (p. 102).

Los mejores para un pícnic

Jardines del pico Victoria Para tomar el té en este falso jardín victoriano (p. 43).

Parque Victoria Ideal para tomar el sol (p. 72).

Parque de Kowloon Para sentarse en el césped, en un banco o en el suelo (p. 100).

Los mejores para ver gente

Middle Road Children's Playground Parque con gente de todas las edades y etnias (p. 102).

Parque de Kowloon Los lugareños van a charlar, nadar, correr o de pícnic (p. 100).

Parque Victoria El favorito de las familias y, los domingos, del personal doméstico (p. 72).

Ocean Park Parque temático que, en vacaciones, se llena de turistas y lugareños (p. 87).

OLESYA KUZNETSOVA/SHUTTERSTOCK ©

☑ Consejos

- **Web del Dpto. de Ocio y Servicios Culturales** (www.lcsd.gov.hk) Con lista de los parques y jardines públicos.
- **Dpto. de Protección Medioambiental** (www.epd.gov.hk) Listas de parques terrestres y marinos.
- Para ver listas más completas de las zonas verdes, consultar en **Lawnmap Hong Kong** (www.lawnmaphk.org).
- No está permitido fumar en los parques públicos, que cuentan con aseos y puestos de comida.

Lo mejor
De compras

Desde hace tiempo, Hong Kong es la meca de las compras bajo luces de neón. Está llena de *boutiques* selectas y modernos centros comerciales donde todas las marcas internacionales que se precien tienen *outlets*, que se complementan con tiendas de vanguardia y de algunos originales diseñadores locales; todo ello forma el conjunto de templos y santuarios del estilo y del consumo de Hong Kong.

Moda

Los centros comerciales son ideales para dar con marcas y tiendas de lujo. Las tiendas independientes de diseñadores y comerciantes locales abundan en Sheung Wan, Wan Chai y Tsim Sha Tsui. El mejor sitio para comprar moda a precios bajos son los mercados callejeros.

Antigüedades

Hong Kong posee una rica y variada selección de antigüedades asiáticas (en especial chinas), pero los compradores más serios solo visitan las tiendas de antigüedades de mayor reputación y las casas de subastas. Abundan las falsificaciones y las reproducciones expertas. Conviene recordar que la mayoría de las piezas de calidad se venden por medio de casas como Christie's, sobre todo en las subastas de primavera y otoño.

Productos digitales y electrónicos

Abundan las tiendas de electrónica y productos digitales, pero la oferta de artículos y precios puede variar; como el nivel de inglés de los vendedores. Suelen ser honestos, pero se han dado casos de gente que ha vendido productos de segunda mano o de exposición como nuevos. Teniéndolo todo en cuenta, la mejor opción es Wan Chai Computer Centre (p. 80).

STEFAN IRVINE/GETTY IMAGES ©

☑ Consejos

- En Hong Kong no hay impuesto sobre la venta en la mayoría de los productos.
- Las quejas de consumo se dirigen al Plan de calidad de los servicios turísticos (QTS; ✆852 2508 1234; www.qtshk.com) o al **Hong Kong Consumer Council** (✆852 29292222; www.consumer.org.hk; 9.00-17.30 lu-vi) de la Oficina de Turismo de Hong Kong.

Mercado de Stanley (p. 85).

La mejor moda

Initial Moda urbana moderna de varios diseñadores (p. 109).

Kapok Moda *hipster* local e internacional (p. 79).

Horizon Plaza Artículos y moda de lujo a precios reducidos en la planta 27ª de un almacén (p. 93).

Los mejores regalos

Mercado nocturno de Temple Street Vende de todo. Hay que regatear bien (p. 114).

Mercado de Stanley De palillos chinos tallados a patucos de satén, en un mercadillo más turístico pero divertido (p. 85).

Picture This Pósteres *vintage* y libros antiguos (p. 41).

Lam Kie Yuen Tea Co Amplia selección de tés (p. 39).

Livraria Portuguesa Libros de cocina macaense difíciles de encontrar (p. 141).

Lo mejor en comida y bebida

Shanghai Street Woks, moldes para pasteles de luna y otros artículos de cocina (p. 118).

Las mejores librerías

Eslite Enorme librería/café/galería/juguetería taiwanesa (arriba, dcha.; p. 79).

Kubrick Bookshop Café Gran selección de libros de ficción, arte y diarios literarios (p. 121).

Livraria Portuguesa Buena librería anglo-portuguesa en Macao. (p. 141)

Lo mejor
Mercados

Los mejores mercados especializados

Cat Street Curiosidades y antigüedades (casi todas) falsas, en puestos de interior y exterior (p. 34).

Mercado de jade Colgantes, pulseras y otras piezas de jade en un sitio cubierto (p. 122).

Mercado de fruta al mayor Centenario mercado con cada vez más puestos que abren de día (p. 118).

Mercado Ap Lei Chau Más variedades de marisco vivo que en todos los otros mercados juntos (p. 90).

La mejor ropa

Mercado de Stanley Laberinto de tiendas de camisetas, moda infantil y ropa china (p. 85).

Mercado de las mujeres Famoso mercado con docenas de puestos de ropa de calle a precios bajos (p. 122).

La mejor comida fresca

Mercados de Wan Chai Animales vivos, fideos frescos y todo tipo de especias a lo largo de la calle (p. 79).

Mercado Ap Lei Chau Gran selección de peces y crustáceos vivos en el interior de un edificio municipal (p. 90).

Mercado de fruta al mayor Centenario y variable mercado de Yau Ma Tei que también vende al detalle (p. 118).

El mejor ambiente

Mercado nocturno de Temple Street Sonidos, olores, imágenes y sabores únicos de Hong Kong (p. 114).

Mercado de fruta al mayor Estos edificios históricos tienen más ambiente de madrugada (p. 118).

Mercados de Wan Chai Sus tiendas y puestos bullen de vida (p. 79).

Mercado Ap Lei Chau Para ver pescadores vendiendo todo tipo de marisco vivo (p. 90).

HOBBYMAN/500PX ©

Cat Street Para echar un ojo antes de ir de bares por el Soho (p. 34).

Los más eclécticos

Mercado nocturno de Temple Street Adivinos, cantantes de ópera cantonesa, vendedores callejeros y comida de calle (arriba; p. 114).

Mercado de Stanley Moda, recuerdos chinos, encaje, trajes de neopreno; comida por allí cerca (p. 85).

Mercados de Wan Chai Alimentos, ofrendas funerarias, incienso y tiendas de especias a lo largo de varias calles (p. 79).

Lo mejor Actividades

Las mejores playas

South Bay La joya de los expatriados franceses de Hong Kong (p. 85).

Middle Bay Popular entre *hipsters*, esta pequeña playa está entre Repulse Bay y South Bay (p. 85).

Playa de St Stephen Refugio cerca de la principal playa de Stanley, pero sin tanta gente (p. 85).

Lo mejor para mimarse

Happy Foot Reflexology Centre Masajes de pies y cuerpo en Lan Kwai Fong (p. 51).

Flawless Hong Kong Masajes y tratamientos de belleza para *hipsters* aficionados al *glamour* (p. 50).

Lo mejor para conocer gente

Wan Kei Ho International Martial Arts Association Aprender kung fu shaolin con otros viajeros y expatriados (p. 34).

Hong Kong Dolphinwatch Ver delfines rosados chinos junto a viajeros y familias (p. 170).

Big Bus Company Admirar Hong Kong desde el piso superior de un autobús descapotable (p. 104).

Water Tours Disfrutar de un crucero por Victoria Harbour a bordo de un junco (p. 104).

Hong Kong House of Stories Tomar parte en un circuito por el antiguo Wan Chai (p. 70).

Lo mejor para hacer deporte

South China Athletic Association (www.scaa.org.hk) Alquila instalaciones deportivas.

Outdoor Sports (www.hkoutdoors.com)

Hong Kong Ultimate Frisbee Association (www.hkupa.com) Organiza encuentros informales dos veces por semana.

Casual Football Network (http://casualfootball.net) Ofrece un mínimo de tres partidos de fútbol a la semana.

KAY DULAY/GETTY IMAGES ©

☑ Consejos

- **Oficina de Turismo de Hong Kong** (www.discoverhongkong.com) Tiene un completo listado de actividades.
- **Depatamento de Ocio y Servicios Culturales** (www.lcsd.gov.hk) Listas de campos, estadios, playas, piscinas, centros acuáticos y alquiler de material.

Enjoy Hiking (http://hiking.gov.hk) Selecciona rutas por zonas, nivel de dificultad o duración.

Lo mejor
Cenas selectas

Los viajeros de presupuesto elevado tienen donde elegir en Hong Kong cuando se trata de alta cocina: de orejas de mar a la brasa y *sashimi* de langosta a las creaciones moleculares del último chef estrella. Los mejores restaurantes son caros, pero a los *gourmets* de la ciudad no parece importarles; los llenan casi cada noche.

Alta cocina cantonesa

De las ocho cocinas regionales chinas, en Hong Kong domina la cantonesa, la más sofisticada. La ubicación costera de Cantón permite el uso de criaturas marinas caras, como peces abisales o langostas gigantes. Incluso los cocineros chinos del norte reconocen la superioridad de sus colegas cantoneses en la preparación de los platos más exclusivos, como la oreja de mar y el pepino de mar secos.

Cocina cantonesa

Se caracteriza por la obsesión por lo fresco, los métodos complejos y la gran variedad de ingredientes. Ofrece sabores delicados y equilibrados, obtenidos con pocos condimentos y técnicas de cocción ligera, como la cocina al vapor o el salteado rápido.

Chefs estrella

Los habitantes ricos y cosmopolitas de Hong Kong adoran la cocina extranjera, en especial la japonesa y la europea; así lo prueban el elevado número de bares de *sushi* y restaurantes europeos de la ciudad, además de la gran cantidad de restaurantes de grandes chefs estrella internacionales, incluidos Nobuyuki Nobu Matsuhisa, Joël Robuchon y Pierre Gagnaire.

☑ Consejos

Algunos de los mejores blogs en inglés sobre restaurantes de Hong Kong son:

- **That Food Cray** (www.thatfoodcray.com)
- **Sassy Hong Kong** (www.sassyhongkong.com)
- **e-Ting** (www.e-tingfood.com)
- **Food Craver** (http://foodcraverhk.tumblr.com)
- **Hungry Hong Kong** (http://hungryhk.blogspot.hk)

Los mejores restaurantes

Luk Yu Tea House
Comer en la tetería más bonita de Hong Kong se

disfruta con todos los sentidos (p. 52).

Otto e Mezzo Bombana Exquisita cocina italiana; la mejor de Asia (p. 37).

Boss Magia culinaria cantonesa en un entorno sencillo, pero de buen gusto (p. 36).

Seventh Son Sopas, platos al vapor, salteados, *dim sum*... Todo es excepcional (p. 73).

Serge et le Phoque Cocina francesa moderna y chic a un tiro de trufa de los mercados de Wan Chai (p. 74).

Gaddi's Grandes lámparas araña, servicio atento y excelente cocina francesa (p. 105).

Duddell's Para beber champán y disfrutar del arte entre bocados de humeantes *dim sum* (p. 37).

Lung King Heen Exquisitos *dim sum* con estrella Michelin y vistas al puerto (p. 37).

António Cocina tradicional portuguesa refinada en un apacible rincón de Taipa, en Macao (p. 139).

La mejor comida china

Seventh Son Restaurante familiar de excelente cocina cantonesa con un servicio a la altura (p. 73).

Boss Sencillo, pero todo un 'jefe' en cuanto a cocina cantonesa refinada (p. 36).

Luk Yu Tea House Platos clásicos cantoneses preparados a la antigua y servidos en un entorno *vintage* (p. 52).

La mejor comida europea

Otto e Mezzo Bombana El único restaurante italiano de Asia con tres estrellas Michelin está a la altura de su nombre (p. 37).

Gaddi's El restaurante francés del Peninsula sirve refinados platos desde 1953 (p. 105).

Serge et le Phoque Cocina francesa moderna en pleno meollo de los mercados de Wan Chai (p. 74).

Caprice Cocina francesa contemporánea en el lujoso Four Seasons (p. 36).

Verandah Para tomar el *brunch* de los domingos y el té de la tarde bajo ventiladores de techo y otros detalles coloniales (p. 85).

El mejor ambiente

Luk Yu Tea House Decoración oriental *vintage*, con ventiladores en el techo y vitrales (p. 52).

Duddell's Espacios chics de diseño con obras de arte que van cambiando (p. 37).

Serge et le Phoque Para comer rodeado de lujo contemporáneo francés viendo trabajar a los carniceros (p. 74).

Ye Shanghai Interiores oscuros y elegantes inspirados en el Shanghái de los años veinte (p. 106).

Lung King Heen Amplias vistas del Victoria Harbour desde el Four Seasons Hotel. (p. 37)

El mejor marisco selecto

Hing Kee Restaurant Marisco preparado al estilo del "refugio de tifones" en Tsim Sha Tsui (p. 106).

Lo mejor Comida económica y de calle

En Hong Kong es fácil comer bien por poco dinero, en comparación con Tokio o Londres. Abundan las buenas opciones chinas y del sureste asiático por menos de 200 HK$/persona; y por menos de 100 HK$ se puede comer en una tienda de fideos y *congee*, un *cha chaan tang*, un *dai pai dong* o un local de comida rápida.

'Cha chaan tang'

Es el restaurante típico de Hong Kong y surgió en los años cuarenta para ofrecer tentempiés occidentales a los comensales que no podían permitirse un Earl Grey y un sándwich de pepino. La mayoría de estos locales sirven sándwiches, fideos, tés o cafés con leche; y algunos también ofrecen arroz, curris, marisco y tartas occidentales como los pastelitos al huevo.

'Dai pai dong'

Tras la II Guerra Mundial, el Gobierno ofreció licencias a las familias de los funcionarios para que se ganaran la vida con puestos de comida. La licencia, físicamente, era grande y los lugareños llamaron a estos puestos "puesto de licencia grande" *(dai pai dong)*. Por tradición son sitios ambulantes al aire libre, pero muchos se han reubicado en edificios para su mejor gestión. Sirven de todo, desde *congee* hasta sándwiches, guisos y marisco.

AARON LIM/SHUTTERSTOCK ©

☑ Consejos

▸ Para ahorrar dinero se puede ir a un *cha chaan tang* (bar de tés) a por un menú. Las raciones son algo más pequeñas que las de la carta. La bebida va incluida.

Los mejores 'dai pai dong'

Mercado nocturno de Temple Street Para comer con cantantes de ópera cantonesa y adivinos (p. 114).

Yue Hing Té con leche hongkonés y sándwiches curiosos (p. 53).

Tak Fat Beef Balls En el interior del último mercado de Tsim Sha Tsui (p. 107).

Sei Yik Una institución en Stanley, con colas para desayunar (p. 90).

Ap Lei Chau Market Cooked Food Centre Cerveza y marisco a precios económicos (p. 90).

Los mejores 'cha chaan tang'

Australia Dairy Company Largas esperas en esta institución hongkonesa (p. 119).

Yue Hing Sándwiches hongkoneses con col y mantequilla de cacahuete (p. 53).

Lan Fong Yuen El inventor del té con leche panty-hose (p. 52).

Mido Café El ambiente supera a la comida, sobre todo por las ventanas de la planta superior (p. 120).

El mejor marisco económico

Aberdeen Fish Market Yee Hope En esta joya oculta se paga por adelantado (p. 89).

Ap Lei Chau Market Cooked Food Centre Marisco fresco cocinado en un local muy ruidoso (p. 90)

BBQ Lobster Uno se siente abrumado con la cantidad de opciones de este local de brochetas (p. 120).

Hoi Kwong Seafood Restaurant Marisco y salteados en un comedor lleno de gente (p. 90).

Las mejores tiendas de fideos y 'congee'

Sun Sin Fideos al dente con sopa de tomate o de curri (p. 119).

Nathan Congee and Noodle Buñuelos, bolas de masa de arroz y ensalada de piel de pescado (p. 120).

Good Hope Noodle Con estrella Michelin, lleva en activo medio siglo (p. 120).

Mak's Noodle Sedoso wontón y fideos al huevo al estilo tradicional (p. 52).

Kau Kee Ternera con fideos, mezclada o en sopa (p. 51).

Tak Fat Beef Balls Albóndigas de ternera con piel de mandarina y fideos (p. 107).

Los mejores restaurantes chinos económicos

Ser Wong Fun Contundentes platos, salchicha de hígado al vino y sopa de serpiente (p. 52).

Spring Deer Toda una institución, sinónimo del pato pekinés (p. 106).

Joy Hing Roasted Meat Hay que hacer cola para su barbacoa cantonesa con estrella Michelin (p. 72).

Lock Cha Tea Shop Té y *dim sum* vegetales exquisitos (p. 74).

Din Tai Fung Platos clásicos shanghaianos y del norte (p. 106).

Los mejores restaurantes vegetarianos económicos

Gun Gei Healthy Vegetarian Ricos platos sobre un mercado de Wan Chai (p. 67).

Lock Cha Tea Shop Breve pero exquisita selección de *dim sum* (p. 74).

Yoga Interactive Vegetarian Menús asiáticos elaborados por un instructor de yoga (p. 106).

Los mejores restaurantes asiáticos económicos

Woodlands Platos vegetarianos del sur de la India (p. 108).

Chicken HOF & Soju Korean Pollo frito coreano en cinco sabores (p. 105).

Lo mejor 'Dim sum'

Los mejores

City Hall Maxim's Palace Quizá sea el palacio de *dim sum* más famoso de Hong Kong (p. 35).

Seventh Son Gran sucursal de un restaurante conocido como "cantina de magnates" (p. 73).

Luk Yu Tea House Venerable tetería que fue refugio de artistas (p. 52).

Lin Heung Tea House *Dim sum* en carritos de toda la vida en un entorno sencillo (p. 38).

Los mejores de precio económico

Yum Cha Bocados con aspecto de cerditos, pajaritos o gatitos. (p. 105)

Lin Heung Tea House El mejor desayuno tras una noche de copas en Soho (p. 38).

Tim Ho Wan Marca el estándar de alta calidad de los *dim sum* económicos en Asia (p. 38).

Los mejores de precio medio

Luk Yu Tea House La tetería más famosa de la ciudad funciona como antaño (p. 52).

Pure Veggie House Bocados vegetarianos (p. 36).

Ye Shanghai Populares platos cantoneses, ricas empanadas y dulces shanghaianos (p. 106).

Los mejores bocados de lujo

Seventh Son Platos clásicos muy bien preparados y alguna joya de toda la vida (p. 73).

KRUNJA/SHUTTERSTOCK ©

Lung King Heen Creaciones con estrella Michelin que se agotan enseguida (p. 37).

Boss *Dim sum* ricos y sanos en un ambiente moderno (p. 36).

Duddell's Para maridar los bocados con champán, como los clientes habituales (p. 37).

Lo mejor Cultura

Gracias a su trayectoria diferenciada del resto de China, Hong Kong posee una cultura híbrida tan compleja como fascinante. La colonización "occidentalizó" la ciudad, si bien las influencias de la cultura tradicional lingnan, predominante en Cantón y otras zonas del sur de China, importada por los artistas, escritores y músicos que abandonaron China en los años cuarenta, siguen estando presentes.

Lo mejor en cultura local

Museo de Historia de Hong Kong Todo sobre Hong Kong (p. 99).

Middle Road Children's Playground El parque donde juegan niños de distintos grupos étnicos (p. 102).

Mercado de fruta al mayor Un mercado centenario en plena forma (p. 118).

Sino Centre Centro comercial especializado en *anime,* revistas descatalogadas y otros coleccionables (p. 123).

G.O.D. Artículos cotidianos simpáticos (p. 57).

Locales para cantar Fabulosos y un poco cutres, son únicos de Yau Ma Tei (p. 115).

Locales de 'mah-jong' Donde los mejores se reúnen para jugar a *mah-jong;* prohibidas las fotografías (p. 120).

Lo mejor en cultura indígena

Museo de Historia de Hong Kong Para conocer las costumbres y rituales de los grupos hakka, puntay y tanka (p. 99).

Paseo marítimo de Aberdeen Vistas y aromas de "la gente del agua", la comunidad hongkonesa que vive en barcos (p. 87).

Pok Fu Lam La última aldea que queda en la isla de Hong Kong (p. 89).

LONELY PLANET/GETTY IMAGES ©

La mejor cultura gastronómica local

Mido Café Carismático *cha chaan tang* (bar de tés) de los años cincuenta, con azulejos antiguos (p. 120).

Luk Yu Tea House Interiores *vintage* de estilo *art déco* occidental e impresionantes cuadros de estilo lingnan (p. 52).

Australia Dairy Company Buenos platos de *cha chaan tang* servidos con arisca eficiencia (p. 119).

Mammy Pancake El popular sándwich y gofre de *eggette* con un giro moderno (p. 107).

Kung Lee Sirve saludable zumo de caña de azúcar desde 1948 (p. 47).

Lo mejor
Dónde beber y vida nocturna

La vibrante Hong Kong sabe cómo divertirse y lo hace con vistosidad y ruido. Hay desde *pubs* de estilo británico a bares de hoteles y locales *hipsters*, pasando por bares de karaoke para la clientela más joven. En los últimos años han proliferado los bares de vinos y los locales de música en directo, pensados para una población diversa, selectiva y amante de la diversión.

'Happy hour'

A ciertas horas del día casi todos los *pubs,* bares y algunos clubes tienen descuentos en las copas (de un tercio o la mitad del precio) u ofertas 2x1. Suele ser al final de la tarde o al comienzo de la noche -entre 16.00 y 20.00-, pero varía de un local a otro. Según la temporada, día de la semana y situación, algunas *happy hours* son de 12.00 a 22.00 y otras vuelven a empezar a medianoche.

Cómo vestir

"Elegante pero informal" es suficiente en la mayoría de los clubes, pero no se admiten el pantalón corto y las sandalias. Los vaqueros son una prenda popular en Hong Kong, a veces se combinan con blazers o tacones para un aspecto más elegante. Los *clubbers* hongkoneses tienen mucho estilo, conviene estar a la altura.

☑ Consejos

- Los bares abren a las 12.00 o a las 18.00 y no cierran hasta las 2.00 o las 6.00; los de Wan Chai son los que cierran más tarde. Los cafés abren entre las 8.00 y las 11.00, cierran entre las 17.00 y las 23.00.
- Para estar al día, **Time Out** (www.timeout.com/hong kong).

RICHARD I'ANSON/GETTY IMAGES ©

Club 71 (p. 47).

Los mejores locales

Tai Lung Fung Cócteles y extravagancia a la antigua usanza (p. 75).

Club 71 El lugar donde despotrican y se divierten activistas, artistas, músicos y gente con conciencia social (p. 47).

El mejor té

Peninsula Hong Kong El té de la tarde más elegante de la ciudad (p. 100).

Cafe Corridor Refugio íntimo de clientela habitual (p. 75).

Teakha Para despertar y oler el jazmín en este elegante salón de té (p. 29).

Elephant Grounds Grandes variedades, incluido el "café antibalas" y los sándwiches de helado (p. 76).

Lan Fong Yuen El lugar clásico para probar el famoso té con leche de Hong Kong (p. 52).

El mejor 'whisky'

Butler Sirve *whisky* o cócteles y cócteles a base de *whisky* (p. 108).

Angel's Share Whisky Bar Especializado en *whisky*, sobre todo irlandés (p. 53).

El mejor vino

MyHouse Vinos ecológicos y vinilos en Causeway Bay (p. 76).

Los mejores cócteles

Butler Bar japonés de cócteles y *whisky* en un tranquilo rincón de Tsim Sha Tsui (p. 108).

Tai Lung Fung Local con luz de neones rosas (p. 47).

Quinary Creativos cócteles de inspiración asiática en un ambiente elegante (p. 55).

Lo mejor Comunidad homosexual

En Hong Kong no tiene la energía ni la visibilidad de comunidades de otros países, pero en los últimos años ha avanzado mucho y cuenta con más de dos docenas de bares y locales de ambiente.

Actitud ante la homosexualidad

Hasta 1991 la *Crimes (Amendment) Ordinance* no retiró las sanciones penales por actos homosexuales entre adultos (las leyes que criminalizaban la homosexualidad masculina fueron producto del colonialismo británico y la pena máxima era la cadena perpetua). Desde entonces, la comunidad homosexual presiona para que la ley castigue la discriminación por orientación sexual y legalice el matrimonio entre personas del mismo sexo, pero todavía no lo ha logrado. Dicho esto, la sociedad hongkonesa en general es hoy mucho más tolerante con la homosexualidad que hace 10 años.

Los mejores bares y locales

Tivo Celebra las Tivo Tea Dance, fiestas con camareras *drag* los domingos por la noche (p. 47).

T:ME Un bar de ambiente íntimo en un callejón (p. 55).

Boo Veterano local de Kowloon; el favorito de los "osos" (p. 121).

Las mejores tiendas

Caroline Haven Tiendas *trendy* en un bloque de los años sesenta (p. 73).

Hola Classic Prendas de sastrería y zapatos en Causeway Bay. (p. 78)

Numb Workshop Moda andrógina (p. 80).

G.O.D. Artículos del hogar originales y de inspiración retro, muebles y moda de fuera de temporada (p. 57).

Consejos

- **Dim Sum** (http://dimsum-hk.com) Revista mensual gratis con cartelera para el público gay.
- **Les Peches** (p. 56) La principal organización lésbica de la ciudad convoca eventos mensuales para lesbianas, mujeres bisexuales y sus amistades.
- **Utopia Asia** (www.utopia-asia.com/hkbars.htm) Cartelera de locales y actividades de ambiente en la ciudad.

Armoury Moda elegante, a medida y de calle (p. 41).

Lo mejor **Ocio**

Hong Kong tiene un activo calendario cultural y de ocio, con música en directo, teatro y danza. La programación de importación es estelar y cada semana compañías y artistas locales ofrecen todo tipo de espectáculos, de música de Bach a ópera cantonesa u obras de Chéjov.

Lo mejor en arte y teatro

Hong Kong Arts Centre Teatros, galerías de arte y un cine (p. 78).

Fringe Club Espectáculos (de arte, teatro y música) alternativos (p. 56).

Lo mejor en música 'indie'

Focal Fair Local *indie* de conciertos, de *punk hardcore* a *noise* (p. 77).

Fringe Club Conciertos en la histórica Fringe Dairy (p. 56).

Street Music Concert Series Conciertos bajo las estrellas con carteles eclécticos (p. 77).

Lo mejor en 'jazz' y 'rock'

Peel Fresco *Jazz* en directo en Soho casi a diario (p. 56).

Fringe Club En su nutrida programación destaca el *jazz* (p. 56).

Los mejores festivales

Hong Kong Arts Festival Con algunos de los intérpretes más famosos del mundo (p. 78).

Clockenflap Este evento *indie* al aire libre es lo más destacado del calendario de conciertos (p. 78).

Hong Kong International Film Festival El gran festival de cine de Asia tiene lugar en la costa de Central (p. 78).

Hong Kong Jazz Festival Los amantes del *jazz* ven a los grandes en directo (⌚ sep, oct o nov).

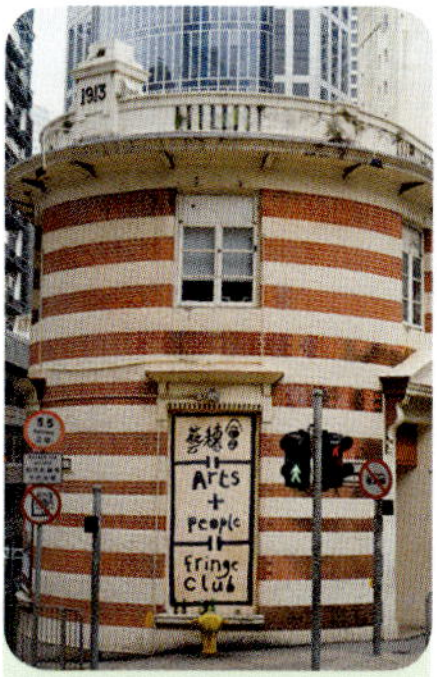

VICTORN/SHUTTERSTOCK ©

☑ Consejos

- Para ver qué se cuece, consúltese **Artmap** (www.artmap.xyz/tw/index.php), **Artslink** (www.hkac.org.hk) y **Time Out** (www.timeout.com/hong-kong).
- Para comprar y reservar entradas, visítese **Urbtix** (www.urbtix.hk). **HK Ticketing** (www.hkticketing.com) vende entradas para casi todos los grandes eventos de Hong Kong. Se pueden reservar a través de la web o comprarlas en los locales de actuaciones.

Lo mejor
Para niños

Hong Kong es un gran destino para niños, aunque cueste acostumbrarse a las multitudes, la contaminación y el tráfico. La comida y los baños son de primera y la ciudad tiene una amplia oferta para entretener a los más pequeños.

Observación de delfines

Hong Kong Dolphinwatch (香港海豚觀察; ☎852 2984 1414; www.hkdolphinwatch.com; 15ª planta, Middle Block, 1528A Star House, 3 Salisbury Rd, Tsim Sha Tsui; adultos/niños 420/210 HK$; ⏰cruceros mi, vi y do) se fundó en 1995 para concienciar sobre los delfines rosados de Hong Kong y promover el turismo responsable. Hay circuitos en barco de 2½ h para verlos en su hábitat natural. En el 97% de los cruceros se avista al menos un delfín; si no aparece ninguno, el viaje es gratis.

Se sale del vestíbulo del **Kowloon Hotel Hong Kong** (九龍酒店; www.thekowloonhotel.com; 19-21 Nathan Rd, Tsim Sha Tsui; Ⓜ Tsim Sha Tsui, salida E) en Tsim Sha Tsui a las 9.00 para tomar el autobús a Tung Chung vía el puente de Tsing Ma, desde donde zarpa el barco; los circuitos regresan a las 13.00.

Entre 100 y 200 mal llamados delfines blancos chinos *(Sousa chinensis)* –son rosas– viven en la costa de Hong Kong, en las aguas salobres del estuario del río de las Perlas. Por desgracia, este mamífero, también conocido como delfín giboso indopacífico, está amenazado por la contaminación y el número de ejemplares va menguando.

LEUNGCHOPAN/GETTY IMAGES ©

☑ Consejos

- **La Leche League Hong Kong** (www.lll hk.org) Grupo angloparlante de apoyo a la lactancia.
- **Salas de lactancia** En grandes centros comerciales y casi todos los museos.
- **Rent-a-Mum** (www.rent-a-mum.com; desde 180 HK$/h) Canguros, mín. 4 h.
- **In Safe Hands** (www.insafehands.com.hk; desde 280 HK$/h, más costes de transporte) Servicios de *nanny* a día completo y por horas, también canguros nocturnos (mín. 4 h).

Los mejores museos para los niños

Museo de la Ciencia de Hong Kong Exposiciones interactivas, una gran atracción para niños de todas las edades (p. 103).

Museo de Historia de Hong Kong Da vida a la historia de la ciudad de forma original (p. 99).

Museo Marítimo de Hong Kong Maniquíes pirata, tesoros de naufragios y un traje de buzo metálico (p. 32).

Museo del Espacio de Hong Kong Los más pequeños pondrán a prueba su motricidad; los adolescentes disfrutarán de las películas Omnimax (p. 103).

Comix Home Base Exposiciones, biblioteca y documentales sobre la historia de los cómics en Hong Kong (p. 71).

Los mejores parques

Ocean Park El principal parque de atracciones de Hong Kong tiene un gran acuario, osos pandas y teleféricos (p. 87).

Parque de Hong Kong Estanques con patos, cisnes y tortugas; y un enorme aviario que parece un bosque (p. 64).

Middle Road Children's Playground Columpios y toboganes para niños de todas las edades (p. 102).

Parque de Kowloon Espacio para correr, lagos con aves acuáticas, parques infantiles, piscinas y un aviario (p. 100).

Pico Victoria Jardines verdes, relojes de sol y falsos pilares victorianos: es un sitio ideal para un pícnic en familia (p. 42).

Los mejores trayectos

Peak Tram Para los niños, el vertiginoso trayecto a bordo del Peak Tram es fascinante (en la imagen; p. 43).

Star Ferry Transatlánticos, barcazas, hidrodeslizadores... a los minimarineros les encantará ver pasar los barcos (p. 176).

Tranvías Ver el mundo desde un vagón que traquetea, rechina y se bambolea puede ser muy divertido (p. 176).

Las mejores compras

Tai Yuen St "La calle de los juguetes", llena de jugueterías tradicionales para los más pequeños (p. 79).

Mercado de Stanley Ropa, calzado y accesorios para el pelo a buenos precios (p. 85).

Horizon Plaza Centro comercial con tiendas de moda y libros infantiles (p. 93).

PMQ Bonitas tiendas de estilo *cartoon* y una juguetería *vintage* con amplios pasillos para correr (p. 50).

La mejor comida

Mammy Pancake *Egg-etes* y sándwiches de sabores creativos al estilo hongkonés (p. 107).

Tai Cheong Bakery Pastelitos al huevo, beignets y otros dulces (p. 52).

Kung Lee El zumo fresco de caña de azúcar combate infecciones y el resfriado común (p. 47).

Chicken HOF & Soju Korean ¡Pollo frito! Hay versiones picantes (p. 105).

Yue Hing Sándwiches de huevo con carne de lata y mantequilla de cacahuete (p. 53).

Jumbo Kingdom Floating Restaurant Popular escenario de películas, con tallas de dragones y aves fénix (p. 88).

Dumpling Yuan Nueve variedades de empanadillas que alimentan a los pequeños y no dañan el bolsillo de los adultos (p. 51).

Lo mejor
Hong Kong gratis

El mejor arte gratis

Museo de Arte Una cueva del tesoro de arte hongkonés y chino. Los miércoles, entrada gratis (p. 97).

Museo de Utensilios de Té Elegante colección *vintage* en el parque de Hong Kong (p. 65).

Blindspot Gallery Dedicada a la obra de fotógrafos asiáticos y hongkoneses (p. 89).

La mejor música gratis

Street Music Concert Series Excelente programación bimensual, desde música clásica hasta *jazz* y música *indie* (p. 77).

Senses 99 *Jam sessions* abiertas cada fin de semana en la planta superior de un local de Sheung Wan (p. 55).

Lo mejor, más económico y divertido

Tranvía Por 2,30 HK$ se recorre el cañón urbano de rascacielos (p. 176).

Star Ferry Un trayecto increíble en ferri por muy poco dinero (p. 176).

Carreras de caballos Por solo 10 HK$ se vive una noche en las carreras (p. 62).

LONELY PLANET/GETTY IMAGES ©

☑ Consejos

- Los martes ir al cine sale más económico: una entrada cuesta entre 10 y 30 HK$ menos.

Trayectos trepidantes Paseos de vértigo en autobuses por las rutas 314, 14, 6, H1 y H2.

Guía práctica

Antes de partir 174
Cuándo ir. 174
Reservas 174

Cómo llegar 175
Aeropuerto internacional de Hong Kong 175
Terminal de ferris Hong Kong-Macao 175
Terminal China Ferry 175

Cómo desplazarse 175
Autobús 175
Ferri. 176
Metro 176
Tranvía 176

Información esencial 176
Acceso a internet 176
Aduanas 177
Consigna. 177
Dinero 177
Electricidad 178
Emergencias. 178
Fiestas oficiales 178
Horario comercial 179
Información turística 179
Viajeros con discapacidades 180

Guía práctica

Antes de partir

Cuándo ir

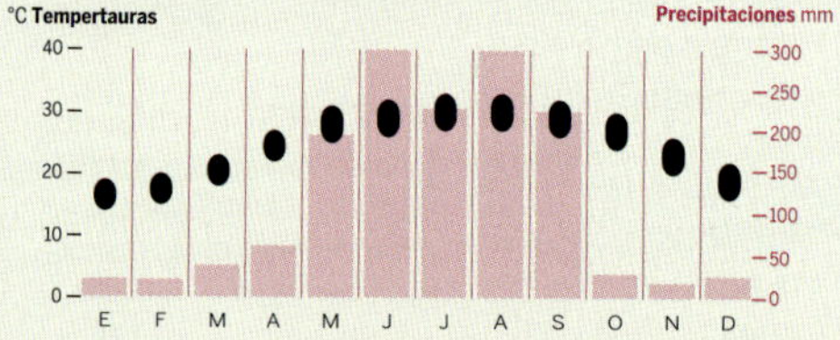

➡ **Primavera (mar-may)** El gran festival de cine de Asia, un torneo de rugby, una feria de arte y los cumpleaños de los dioses esperan en la ciudad cálida y húmeda.

➡ **Verano (jun-ago)** Algo cálido (la playa, nuevo vestuario) y algo fresco (las carreras *dragon boat*, una cerveza) son el antídoto al verano sofocante.

➡ **Otoño (sep-nov)** Para ir de excursión al monte de día y de conciertos al aire libre de noche. La mejor época para visitar Hong Kong.

➡ **Invierno (dic-feb)** Con frío y chubascos ocasionales, Hong Kong celebra el Año Nuevo chino bajo luces navideñas.

Reservas

Hong Kong ofrece una amplia gama de alojamientos, de habitaciones minúsculas a suites palaciegas. Casi todos los hoteles de la isla de Hong Kong están entre Central y Causeway Bay; en Kowloon se concentran alrededor de Nathan Rd, donde también hay alojamientos económicos. En temporada baja los precios caen, sobre todo en las opciones de precio medio y alto. Reservando en línea hay descuentos de hasta el 60%.

Webs

➡ **Lonely Planet** (lonelyplanet.com/china/hong-kong/hotels) Para reservar en línea los mejores alojamientos recomendados.

➡ **Hotel.com** (www.hotels.com) Especialista en alojamiento económico.

➡ **Discover Hong Kong** (www.discoverhongkong.com) Busca hoteles según su ubicación e instalaciones.

➡ Asia Travel (www.hongkonghotels.com) Ofertas competitivas.

Precio económico

➡ Campus Hong Kong (www.campushk.com) Para vivir como la realeza en un albergue estudiantil (si se logra reservar habitación) de Tsuen Wan.

➡ YHA Mei Ho House Youth Hostel (www.meihohouse.hk) Bonitas vistas y habitaciones impecables en una finca histórica algo apartada.

Precio medio

➡ Twenty One Whitfield Habitaciones limpias y luminosas, para estancias diarias o mensuales en Tin Hau.

➡ Tuve Sleek, (www.tuve.hk) Habitaciones de estilo industrial chic, un vestíbulo bohemio y personal solícito; en Tin Hau.

Precio alto

➡ Peninsula Hong Kong (www.peninsula.com) Uno de los hoteles más elegantes y con más pisos de Asia.

➡ Hotel Indigo Diseño de inspiración china, instalaciones modernas y un servicio excepcional.

Cómo llegar

Aeropuerto internacional de Hong Kong

➡ Tren MTR Airport Express al centro, circula de 5.54 a 0.48 y cuesta entre 90 y 100 HK$; autobuses a varios puntos de Hong Kong, de 6.00 a 12.30, 19-48 HK$; un taxi al centro, 220-360 HK$.

➡ Trenes MTR Lo Wu y Lok Ma Chau al centro de 5.55 a 0.30 (Lo Wu), de 6.38 a 22.55 (Lok Ma Chau), 37-48 HK$.

Terminal de ferris Hong Kong-Macao

➡ Tren MTR (Sheung Wan) al centro desde la terminal (véase plano p. 30, D1) de 6.05 a 0.46, por 4,50-13 HK$; taxi, 20-100 HK$.

Terminal China Ferry

➡ Tren MTR (Tsim Sha Tsui) de la terminal (véase plano p. 98, A2) al centro de 6.11 a 0.54, por 4,50-12 HK$; taxi, 20-100 HK$.

Cómo desplazarse

Autobús

La extensa red de autobuses de Hong Kong llega a casi cualquier punto del territorio.

Salidas Casi todos circulan de 5.30 o 6.00 a 24.00 o 0.30, aunque un número limitado de

Billetes y abonos

Una tarjeta Octopus de prepago sirve para casi todas las modalidades de transporte público. Se compran en cualquier estación MTR y se recargan en las mismas estaciones y en los colmados. Es una tarjeta muy práctica si la estancia en Hong Kong es de más de dos días, ahorra hasta el 5% por trayecto y no hay que comprar billetes ni pagar el importe exacto en los autobuses. Para visitas más cortas, lo mejor es comprar un pase MTR de uno o tres días en cualquier estación.

autobuses nocturnos circula de 0.45 a 5.00 o más tarde.

Tarifas El billete cuesta de 4 a 46 HK$, según destino. En los nocturnos, de 7 a 32 HK$. Se paga con el importe exacto o una tarjeta Octopus.

Información de rutas Saber qué autobús tomar no es fácil, pero **City Bus** y **New World First Bus,** de la misma compañía (www.nwstbus.com.hk), y **Kowloon Motor Bus** (www.kmb.hk) tienen un accesible buscador de rutas en sus webs. KMB también ofrece una aplicación de rutas para móviles.

Ferri

Star Ferry (天星小輪; plano p. 30; ☎852 2367 7065; www.starferry.com.hk; adultos 2,50-3,40 HK$, niños 1,50-2,10 HK$; ⏲cada 6-12 min, 6.30-23.30; Ⓜ Hong Kong, salida A2) une la isla de Hong Kong y la península de Kowloon vía Victoria Harbour (véase plano p. 98, B4); la flota circula de 6.30 a 23.30; los billetes cuestan de 2,50 a 3,40 HK$. Hay flotas modernas de ferris que navegan entre Central y las Islas Exteriores.

Metro

La **Mass Transit Railway** (MTR; ☎852 2881 8888; www.mtr.com.hk; tarifas 4-25 HK$) es lo más rápido para llegar a casi todos los puntos de Hong Kong, pero un poco más caro que viajar en autobús.

Tranvía

Por una tarifa plana de 2,30 HK$ (a pagar en una caja junto al conductor al apearse) se recorre la costa norte de la isla de Hong Kong en **tranvía** (☎852 2548 7102; www.hktramways.com; billete 2,30 HK$; ⏲6.00-24.00) de dos pisos todo el tiempo que uno desee; hay más de 16 km de vías.

Taxi

Los taxis de Hong Kong son una ganga comparados con los de otras grandes ciudades. Tarifas de taxi desde el aeropuerto:

DESTINO	TARIFA (HK$)
Central, Admiralty, Wan Chai, Causeway Bay (isla de Hong Kong)	280-320
Tsim Sha Tsui, Jordan, Yau Ma Tei, Mong Kok, Hung Hom (Kowloon)	230-250
Sha Tin (Nuevos Territorios)	280
Tsuen Wan (Nuevos Territorios)	200
Tung Chung (Lantau)	45-55

Además de los precios aquí listados, los pasajeros deben pagar 5 HK$ por cada pieza de equipaje que se lleve en el maletero.

Información esencial

Acceso a internet

➡ **Wifi gratis** En hoteles y espacios públicos, incluidos el aeropuerto, bibliotecas públicas, los centros culturales y recreativos más importantes, grandes parques, principales estaciones MTR, centros comerciales y casi todos los cafés y bares. Se puede obtener un pase wifi PCCW gratis de 60 min en los centros de visitantes HKTB.

Qué hacer y qué no hacer

Saludos Al conocer a alguien y al despedirse, saludar con la mano y decir Hi o Bye.

En la mesa En los locales económicos la gente no tiene reparos en clavar los palillos en los platos compartidos. Los restaurantes de más calidad ofrecen cucharas para que cada comensal se sirva; conviene usarlas. Que nadie pase apuro por pedir un tenedor si no se las apaña bien con los palillos.

Colas Los hongkoneses hacen cola para todo. Intentar saltársela está mal visto.

Regateo En las tiendas no se regatea; es una práctica limitada a los mercadillos callejeros (no en los de alimentación).

- **Cuentas PCCW** Se compran en línea o en colmados y tiendas PCCW, y se accede a internet por cualquiera de los más de 7000 puntos wifi que PCCW tiene en Hong Kong.

Aduanas

- Las compras libres de impuestos para los viajeros que llegan a Hong Kong (incluidos los procedentes de Macao) son 19 cigarrillos (o un puro o 25 g de tabaco) y 1 l de bebidas alcohólicas.

Consigna

Trenes MTR y ferris

Hay servicio de consigna y taquillas en las principales estaciones, incluidas Hung Hom, Kowloon y Hong Kong; la Torre Oeste del **Shun Tak Centre** (信德中心; 200 Connaught Rd Central, Hong Kong) en Sheung Wan (véase plano p. 30, D1) desde donde zarpa el ferri de Macao; y la terminal China Ferry en Tsim Sha Tsui. Las taquillas cuestan 20-30 HK$/h (según el tamaño).

Aeropuerto El aeropuerto internacional de Hong Kong tiene servicio de consigna.

Alojamiento La mayoría de los hoteles e incluso algunas pensiones y albergues cuentan con salas de consigna y permiten que los viajeros guarden allí su equipaje incluso después del check out. Suele ser un servicio de pago, conviene preguntar primero.

Dinero

Cajeros automáticos

- La mayoría de los cajeros están vinculados a redes internacionales como Cirrus, Maestro, Plus y Visa Electron.
- Algunas de las máquinas de HSBC Electronic Money ofrecen facilidades para que los usuarios de Visa y MasterCard retiren dinero.
- Los titulares de tarjetas American Express (Amex) tienen acceso a los cajeros Jetco y pueden retirar dinero local y cheques de viajes en los cajeros Express Cash de la ciudad.

Tarjetas de crédito

- Las más aceptadas son Visa, MasterCard, Amex,

Diners Club y JCB; por este orden.

➡ Algunas tiendas compensan la comisión de las compañías de crédito con un recargo que oscila entre el 2,5 y el 7%.

➡ Si al viajero le roban la tarjeta o la pierde, debe informar a la policía y a la compañía cuanto antes; o puede verse obligado a pagar cargos que no son suyos.

Moneda local

➡ El dólar hongkonés, pero algunas tiendas y restaurantes también aceptan yuanes.

➡ Macao usa la pataca y la mayoría de negocios también aceptan el dólar de Hong Kong.

Propinas

➡ **Hoteles** Un billete de 10 o 20 HK$ para el mozo de las maletas; la voluntad para el personal de limpieza.

➡ **Restaurantes** Casi todos los restaurantes, salvo los más económicos, añaden un recargo por servicio del 10 o el 15%, pero aun así es normal dejar algo de propina (menos del 5%) si uno queda contento con el servicio. En los puestos económicos, redondear el importe hasta la próxima decena es suficiente.

➡ **'Pubs' y cafés** No se esperan propinas a menos que se ofrezca servicio de mesa, entonces se deja menos de un 5% del importe de la cuenta.

Electricidad

220V/50Hz

Emergencias

➡ Bomberos, policía y ambulancias (☎999)

Fiestas oficiales

Las culturas occidental y china combinadas dan lugar a una interesante mezcla –y cantidad– de fiestas oficiales en Hong Kong. Determinar las fechas exactas de algunas de ellas es difícil, ya que por tradición se usan dos calendarios, el gregoriano o solar (el occidental) y el calendario lunar chino.

Año Nuevo 1 de enero

Año Nuevo chino 16 de febrero 2018, 5 de febrero 2019

Pascua 14-17 de abril 2017, 30 de marzo-2 de abril 2018

Ching Ming 5 de abril 2017, 5 de abril 2018

Día del Trabajo 1 de mayo

Cumpleaños de Buda 3 de mayo 2017, 22 de mayo 2018

Festival Dragon Boat (Tuen Ng) 30 de mayo 2017, 18 de junio 2018

Hong Kong SAR Establishment Day 1 de julio

Mid-Autumn Festival 4 de octubre 2017, 24 de septiembre 2018

Día Nacional 1 de octubre

Chung Yeung 28 de octubre 2017, 17 de octubre 2018

Navidad 25 de diciembre

Boxing Day 26 de diciembre

Horario comercial

El horario habitual de los siguientes establecimientos es:

Bancos 9.00-16.30 o 17.30 lu-vi, 9.00-12.30 sa.

Museos De 10.00 a entre 17.00 y 21.00; cerrado lu, ma o ju.

Oficinas 9.00-17.30 o 18.00 lu-vi (almuerzo 13.00-14.00).

Restaurantes 11.00-15.00 y 18.00-23.00.

Tiendas Generalmente, 10.00-20.00.

Información turística

➡ **China Travel Service** Tiene cuatro mostradores en el aeropuerto.

➡ **Oficina de Turismo de Hong Kong** (www.discoverhk.com) Personal amable y solícito, con un montón de información, casi toda gratis. Vende publicaciones útiles.

➡ **iCyberlink** Fuera de estos centros y en varios otros puntos del territorio, hay pantallas iCyberlink desde donde acceder a la web y a la base de datos de HKTB las 24 h.

➡ **Centros de visitantes** Además de la oficina del vestíbulo de visitantes de Star Ferry, la HKTB tiene centros de visitantes en el aeropuerto, en el pico Victoria y en la frontera con la China continental.

Circuitos

➡ Hay circuitos a casi todas partes del territorio y son una buena opción si el viajero dispone de poco tiempo, quiere algo detallado pero rápido o no quiere tomar el transporte público.

➡ Algunos circuitos son excursiones estándar a los puntos de interés principales, otros permiten conocer un barrio más a fondo. También los hay temáticos, dedicados a la gastronomía, la II Guerra Mundial o la arquitectura.

➡ La **oficina de turismo de Hong Kong** (www.discoverhk.com) ofrece recomendaciones y algunos circuitos de compañías privadas pueden

Teléfono

Acceso Todos los teléfonos compatibles GSM funcionan en Hong Kong.

Cobertura Los móviles funcionan en todas partes, incluidos los túneles del puerto y la red MTR.

Compra Los proveedores de servicio venden móviles y accesorios con tarjetas SIM recargables desde 98 HK$. Una llamada local cuesta entre 6 y 12 ¢ el minuto (las llamadas al continente cuestan 1,80 HK$/min, aprox.).

La información telefónica y las *Yellow Pages* pueden consultarse en línea en www.yp.com.hk.

NÚMEROS ÚTILES

Prefijo internacional	☎ 001
Información internacional	☎ 10015
Información local	☎ 1081
Llamadas a cobro revertido	☎ 10010
Hora y temperatura	☎ 18501
El tiempo	☎ 187 8200

reservarse en cualquier sucursal de la HKTB.

Viajeros con discapacidades

- Los viajeros con problemas de movilidad se enfrentan a varios obstáculos en Hong Kong, incluidas las escaleras de varias estaciones MTR, además de pasos peatonales elevados, aceras estrechas muy transitadas y cuestas empinadas.
- Hay autobuses aptos para sillas de ruedas, no es difícil dar con un taxi y hay ascensor en la mayoría de los edificios (muchos de ellos con paneles braille). Muchas estaciones MTR tienen mapas en braille con información grabada. Las sillas de ruedas pueden moverse por las cubiertas bajas de casi todos los ferris.
- **Easy Travel Access** (www.rehabsociety.org.hk) ofrece circuitos y servicios de transporte accesibles.
- **Transport Department** (www.td.gov.hk) ofrece guías para el transporte, aparcamiento y cruces peatonales públicos para gente con discapacidades.

Idioma

El cantonés es el dialecto más popular en Hong Kong. Sus hablantes leen los caracteres chinos, pero muchos de ellos los pronuncian de modo diferente al mandarín.

El cantonés es una lengua tonal y la elevación y bajada de tono en ciertas sílabas (vocales y consonante n) marcan diferencias de significado. Esta guía de pronunciación recoge cinco tonos que se indican mediante los siguientes rasgos: **à** (alto), **á** (alto ascendente), à (bajo descendente), á (bajo ascendente), a (bajo) y un tono llano (**a**).

Conversación

Hola.	哈佬。	*hàa·ló*
Adiós.	再見。	*joy·gin*
¿Cómo está?	你幾好啊嗎？	*láy gáy hó à maa*
Bien.	幾好。	*gáy hó*
Por favor ...	唔該……	*ǹg·gòy ...*
Gracias.	多謝。	*dàw·je*
Disculpe.	對唔住。	*deui·ǹg·jew*
Perdón.	對唔住。	*deui·ǹg·jew*
Sí.	係。	*hai*
No.	不係。	*ǹg·hai*

¿Habla inglés?
你識唔識講英文啊？ *láy sìk·ǹg·sìk gáwng yìng·mán aa*

No entiendo.
我唔明。 *ngáw ǹg mìng*

Comida y bebida

Querría..., por favor.
唔該我要…… *ǹg·gòy ngáw yiu ...*

una mesa para dos	兩位嘅檯	*léung wái ge tóy*
la carta de bebidas	酒料單	*jáu·liú·dàan*
el menú	菜單	*choy·dàan*
cerveza	啤酒	*bè·jáu*
café	咖啡	*gaa·fè*

No como ...
我唔吃…… *ngáw ǹg sik ...*

pescado	魚	*yéw*
carne de ave	雞鴨鵝	*gài ngaap ngàw*
carne roja	牛羊肉	*ngàu yèung yuk*

¡Salud! (brindis)
乾杯！ *gàwn·buì*

Estaba delicioso.
真好味。 *jàn hó·may*

La cuenta, por favor.
唔該我要埋單。 *ǹg·gòy ngáw yiu màai·dàan*

Compras

Querría comprar ...
我想買…… *ngáw séung máai ...*

Solo estoy mirando.
睇下。 *tái haa*

¿Cuánto cuesta?
幾多錢? *gáy·dàw chín*

Es demasiado caro.
太貴啦。 *taai gwai laa*

¿Puede rebajar el precio?
可唔可以平啲呀？ *háw·ng·háw·yi pèng dì aa*

Urgencias

¡Ayuda! 救命！ *gau·meng*
¡Aléjese! 走開！ *jáu·hòy*

¡Llamen a un médico!
快啲叫醫生！ *faai·dì giu yì·sàng*

¡Llamen a la policía!
快啲叫警察！ *faai·dì giu gíng·chaat*

Me he perdido.
我蕩失路。 *ngáw dawng·sàk·lo*

Estoy enfermo.
我病咗。 *ngáw beng·jáw*

¿Dónde está el servicio?
廁所喺邊度？ *chi·sáw hái bìn·do*

Horas y fechas

¿Qué hora es?
而家幾點鐘？ *yi·gàa gáy·dím·jùng*

Son las (diez) en punto.
(十)點鐘。 *(sap)·dím·jùng*

Las (diez) y media.
(十)點半。 *(sap)·dím bun*

mañana	朝早	*jiù·jó*
tarde	下晝	*haa·jau*
noche	夜晚	*ye·máan*
ayer	寢日	*kàm·yat*
hoy	今日	*gàm·yat*
mañana	听日	*tìng·yat*

1	一	*yàt*
2	二	*yi*
3	三	*sàam*
4	四	*say*
5	五	*ńg*
6	六	*luk*
7	七	*chàt*
8	八	*baat*
9	九	*gáu*
10	十	*sap*

Transporte y direcciones

¿Dónde está ...?
……喺邊度？ *... hái bìn·do*

¿Cuál es la dirección?
地址係？ *day·jí hai*

¿Cómo se llega allí?
點樣去？ *dím·yéung heui*

¿Está lejos?
有幾遠？ *yáu gáy yéwn*

¿Puede señalarme (en el mapa)?
你可唔可以(喺地圖度)指俾我睇我喺邊度？ *láy háw·ǹg·háw·yí (hái day·to do) jí báy ngáw tái ngáw hái bìn·do*

¿Cuándo sale el autobús?
下一班巴士幾點開？ *haa·yàt·bàan bàa·sí gáy dím hòy*

Un billete a ...
一張去……嘅飛。 *yàt jèung heui ... ge fày*

¿Para en ...?
會唔會喺……停呀？ *wuí·ǹg·wuí hái ... tìng aa*

Querría bajarme en ...
我要喺……落車。 *ngáw yiu hái ... lawk·chè*

Entre bastidores

La opinión del lector

Agradecemos a los lectores cualquier comentario que ayude a que la próxima edición pueda ser más exacta. Toda la correspondencia recibida se envía al equipo editorial para su verificación. Es posible que algún fragmento de esta correspondencia se use en las guías o en la web de Lonely Planet. Aquellos que no quieran ver publicados sus textos ni su nombre, deben hacerlo constar. La correspondencia debe enviarse, indicando en el sobre Lonely Planet/Actualizaciones, a la dirección de geoPlaneta en España: Av. Diagonal 662-664. 08034 Barcelona. También puede remitirse un correo electrónico a: viajeros@lonelyplanet.es. Para información, sugerencias y actualizaciones, se puede visitar www.lonelyplanet.es.

Agradecimientos de la autora

Muchas gracias a Alvin, CSY y Janine por su generosa ayuda. Gracias también a mi coautora de la guía de Hong Kong, Emily Matchar, por su colaboración. Finalmente, gracias a mi marido, Kontau, y a mi hija, Clio, por su cariñoso apoyo.

Reconocimientos

Fotografía de cubierta: tienda de decoraciones del Año Nuevo chino; Ian Trower/AWL©

Este libro

Esta es la traducción de la 6ª edición de *Pocket Hong Kong*, documentada y escrita por Piera Chen y Emily Matchar. Piera también es autora de las dos ediciones anteriores.

Gracias a

Cheree Broughton, Jennifer Carey, Neill Coen, Daniel Corbett Alastair Cox, Sandra Guerrero, Andreas Höcherl, Andi Jones, Lauren Keith, Sandie Kestell, Kate Kiely, Indra Kilfoyle, Alison Lyall, Dan Moore, Catherine Naghten, Claire Naylor, Karyn Noble, Karen Ransome, Ellie Simpson, Angela Tinson.

Versión en español

GeoPlaneta, que posee los derechos de traducción y distribución de las guías Lonely Planet en los países de habla hispana, ha adaptado los contenidos de este libro.

Lonely Planet y GeoPlaneta quieren ofrecer al viajero una selección de títulos en español; esta colaboración incluye, además, la distribución en España de los libros de Lonely Planet en inglés e italiano, así como un sitio web, www.lonelyplanet.es.

Índice

Véanse también los subíndices:
Dónde comer p. 187
Dónde beber p. 188
Ocio p. 188
De compras p. 188

A

Aberdeen 82-93, **86**
de compras 93
dónde beber 91
dónde comer 89-90
itinerarios 83, 84-85, **84**
puntos de interés 87-89
transporte 83
acceso a internet 177
actividades 159
actividades gratis 172
adivinos 123
Admiralty 60-81, **68-69**
de compras 78-80
dónde beber 74-77
dónde comer 72-74
itinerarios 61
ocio 77-78
puntos de interés 62-65, 70-72
transporte 61
aduanas 177
aeropuerto internacional de Hong Kong 175
alojamiento 174-175
ambulancia 178
antigua Jefatura de la Policía Marítima 99
antiguo edificio del Consejo Legislativo 32
antiguo templo de Fook Tak 101
antiguos barracones de Victoria 149
arquitectura 152-153
Art Basel Hong Kong 78
aseo público triangular 149
Asia Society Hong Kong Centre 71-72
autobús, viajar 17, 176
Avenida de las Estrellas 97
Aviario Edward Youde 65

B

barco, viajar 17, 176
bares 166-167, *véase también* Dónde beber subíndice
barrio de la Iglesia de San Lázaro 137
Béthanie 88
Big Bus Company 104
Blindspot Gallery 89
Blue House 70
bomberos 178
Buda Tian Tan 11, 126-127

C

C&G Artpartment 117
cajeros automáticos 178
cantonés, idioma 181-182
capilla de San Francisco Javier 133
Carnival Mansion 148-149
Caroline Haven 73
carreras internacionales Dragon Boat 78
Casa del Mandarín 137
Casa Museo de Taipa 133
casas sobre pilotes 133
Cat Street 34
Catedral de San Juan 35
Causeway Bay 60-81, **68-69**
de compras 78-80
dónde beber 74-77
dónde comer 72-74
itinerarios 60, 66-67, **66**
ocio 77-78
puntos de interés 62-65, 70-72
transporte 61
cementerio de Hong Kong 67
cenar 16
cenotafio 33
Central 22-41, **30-31**
de compras 38-39, 41
dónde beber 38
dónde comer 35-38
itinerarios 23
puntos de interés 24-29, 32-35
transporte 23
cha chaan tang 162
Chungking Mansions 110
circuitos 34, 63, 88, 90, 104, 180
circuitos en junco 88
clima 174
Clockenflap Outdoor Music Festival 78
códigos de área 179
colonización británica 40
Come Horseracing Tour 63
Comisaría de policía de Aberdeen 89
Comisaría de policía de Central 49
Comix Home Base 71
compra de antigüedades 145, 156
convento Chi Lin 125
consigna 177
contaminación 81
costes 16, 35, 178
cultura 165

D

dai pai dong 162
Dairy Farm Tour 90
de compras 156-157,

Puntos de interés 000
Planos **000**

véase también en cada barrio y el subíndice de De compras
Deep Water Bay 84
dim sum 164
discapacidades, viajeros con 180
Dragon Boat (Tuen Ng) Festival 179
Dragon Boat, carreras 92
dónde beber 166-167, *véase también en cada barrio y el subíndice de* Dónde beber
dónde comer *véase también en cada barrio y el subíndice de* Dónde comer
blogs 160
económica 35, 52, 162-163
dim sum 164
cenas selectas 160-161
de calle 162-163

E
Edificio HSBC 10, 26
Edificio Pak On 148
electricidad 178
Escaleras entre Central y Mid-Levels 49
eventos 57, *véase también* festivales

F
faro 136
feng shui 123
ferri, viajar 17, 176
festivales 78, *véase también* festivales de cine 78
Flagstaff House, Museo de Utensilios de Té 65
Flawless Hong Kong 50
Former Kowloon British School 101-102
Forsgate Conservatory 65
fortaleza y capilla de Guia 136
fumar 55

G
galerías 154
gay, viajeros 56, 168
Ghost House 147

H
Happy Foot Reflexology Centre 51
Hipódromo de Happy Valley 11, 62-63
Hoi Kwong Seafood Restaurant 90
Hong Kong Art Walk 154
Hong Kong Arts Festival 78
Hong Kong Consumer Council 156
Hong Kong Dolphinwatch 170
Hong Kong International Film Festival 78
Hong Kong Photo Festival 78
Hong Kong Racing Museum 63
Hong Kong Sevens 78
hora 16
horarios 179
Hospital PLA 149
House of Stories 70

I
idioma 16, 181-182
iglesia anglicana de San Andrés 101
iglesia del Rosario 102
iglesia de Santo Domingo 131
información turística 179-180
itinerarios 14-15, 144-149, **145, 147, 149,** *véase también en cada barrio*

J
Jardín Signal Hill y torre Blackhead Point 102
jardines 155
jardines de los buenos deseos 125

K
KS Lo Gallery 65

L
Lan Kwai Fong 44-59, **48**
de compras 57-59
dónde beber 53-55
dónde comer 51-53
itinerarios 45, 46-47, **46**
ocio 56-57
puntos de interés 49-51
transporte 45
Leal Senado 136
Les Peches 56
lesbianas, viajeras 56, 168
lo mejor 8-11, 12-13
locales para cantar 115
Lui Seng Chun 117-118

M
Macao 128-141, **134-135**
dónde beber 139-140
ocio 140
dónde comer 139
itinerarios 129, 132-133, **132**
de compras 141
puntos de interés 130-131, 136-139
transporte 129
mah-jong 120
marisco 74, 144
mercado de fruta al por mayor 118
mercado nocturno de Temple Street 11, 114-115
mercados 79, 105, 158, *véase también subíndice* De compras
Mass Transit Railway 17, 175, 176
metro 176
mezquita de Kowloon y centro islámico 102
Mid-Autumn Festival 72
Middle Bay 85
Middle Road Children's Playground 102
miradores 150
monasterio de Po Lin 127
moneda 16, 178
Mong Kok 112-123, **116**
dónde beber 121
ocio 122
dónde comer 119-121
itinerarios 113
de compras 122-123
puntos de interés 114-115, 117-118

transporte 113
Museo de Arte de Hong Kong 97
Museo de Arte de Macao 136
Museo de la Ciencia de Hong Kong 103
Museo de Historia de Hong Kong 99-100
Museo de Macao 138-139
Museo Marítimo de Hong Kong 32
Museo del 4 de Junio 101
Museo del Espacio de Hong Kong y teatro 103
Museo Liangyi 33
museos 154

N
Ngong Ping 360 127
Nic Tse 118
niños, viajar con 170-171

O
observación de delfines 170
Ocean Park 87-88
ocio 169, *véase también en cada barrio y el subíndice de* Ocio
Octopus, tarjeta 175
Oficina de Antigüedades y Monumentos de Hong Kong 152
One IFC 35
Orange House 70

P

Pak Sing, salón ancestral de 32
parque Tamar 70
parque Victoria 72
parque de Hong Kong Park 10, 64-65
parque de Kowloon 100
parques 155
paseo marítimo de Aberdeen 87
paseo marítimo de Tsim Sha Tsui Este 9, 96-97
paseos 144-149
barrio mayorista 144-145, **145**
Tsim Sha Tsui 148-149,**149**
Wan Chai 146-147, **147**
Peak Galleria 43
Peak Tower 43
Peak Tram 43
Peninsula Hong Kong 100-101
Península de Kowloon 94-123, **98, 116**
pesca 92
pico Victoria 9, 42-43
Pink Alliance 56
playa Shek O 89
playa de St Stephen's 85
playas 159, 84-85, **84**
PMQ 50
Pok Fu Lam 89
policía 178
política 40, 81
Pride Parade 56
principales puntos de interés 8-11
problemas medioambientales 81
propina 16, 52, 178
protocolo 177

Q
QTS (Quality Tourism Services) 156

R
Red Market 139
Refugio de tifones de Causeway Bay 72
regateo 177
Repulse Bay 85
Ruinas de la iglesia de San Pablo 10, 130-131

S
seminario e iglesia de San José 131
Shanghai Street 118
Sheung Wan 22-41, **30-31**
de compras 38-39, 41
dónde beber 38
dónde comer 35-38
historia 39
itinerarios 23
puntos de interés 24-29, 32-35
transporte 23
Sik Sik Yuen Wong 124
Sinfonía de luces 97
Soho 44-59, **48**
de compras 56-59
dónde beber 53-55
dónde comer 51-53
itinerarios 45, 46-47, **46**
ocio 55-56
puntos de interés 49-51
transporte 45
South Bay 85
South Hong Kong, véase Aberdeen
Southern Playground 66
St Stephen's College 85
Star Ferry 8, 24-25
Statue Square 33

T
Taipa 132-133
taoísmo 111
Tap Seac, galería 136
Tap Seac, plaza 136
tarjetas de crédito 178
tatuajes 118
taxis 17, 176
teléfonos móviles 16, 179
templo de Hung Shing (Aberdeen) 88-89
templo de Hung Shing (Admiralty) 70
templo de Kun Iam 138
templo de Man Mo 10, 28-29
templo de Pak Tai 70
templo de Pak Tai (Macao) 133
templos de Tai Ping Shan 145
templo de Tai Sin 11, 124-125
templo de Tin Hau 118
templo sij de Khalsa Diwan 67
templos 151
tiempo 174
Torre del Bank of China 32
Torre del Reloj 25
tranvía, viajar 17, 34, 176
transporte 17, 175, 176
Tsim Sha Tsui 94-111, **98**
dónde beber 108-109
dónde comer 105-108
itinerarios 95

Puntos de interés 000
Planos **000**

de compras 109-110
puntos de interés 96-97, 99-104
transporte 95
Two International Finance Centre 35

U

urgencias 178

V

vacaciones 178-179
vida local 12-13
vida nocturna 166-167, *véase también en cada barrio y el subíndice de* Dónde beber y Ocio
visados 16

W

Wan Chai 60-81, **68-69**
dónde beber 74-77
ocio 77-78
dónde comer 72-74
itinerarios 61, 66-67, **66**
de compras 78-80
puntos de interés 62-65, 70-72
transporte 61
Wan Kei Ho International Martial Arts Association 34
Water Tours 104
webs 16, 174-175
wifi 177

Y

Yau Ma Tei 112-123, **116**
de compras 122-123
dónde beber 121
dónde comer 119-121
itinerarios 113
ocio 122
puntos de interés 114-115, 117-118
transporte 113
Yellow House 70
Young Master Ales 88

Dónde comer

A

Aberdeen Fish Market Yee Hope Seafood Restaurant 89
AMMO 71-72
António 139
Ap Lei Chau, mercado Cooked Food Centre 90
Atum Desserant 72
Australia Dairy Company 119

B

BBQ Lobster 120

C

Café Nga Tim 133
Caprice 36
Chachawan 36
Chi Lin Vegetarian 125
Chicken HOF & Soju Korean 105
Chu Kee 90
City Hall Maxim's Palace 35
Clube Militar de Macau 139

D

Din Tai Fung 106
Duddell's 37
Dumpling Yuan 51

F

Fook Lam Moon 73
Fortune Kitchen 72

G

Gaddi's 105
Good Hope Noodle 120
Gun Gei 67

H

Hing Kee Restaurant 106-107
Ho Lee Fuk 51
Hoi Kwong Seafood Restaurant 90

J

Joy Hing Roasted Meat 72-73
Jumbo Kingdom Floating Restaurant 88

K

Kam's Roast Goose 73
Kau Kee Restaurant 51-52
Kin's Kitchen 74

L

Lan Fong Yuen 52
Lin Heung Tea House 38
Lock Cha Tea Shop 74
Lord Stow's Bakery 133
Luk Yu Tea House 52
Lung King Heen 37

M

Mak's Noodle 52
Mammy Pancake 107
Mana! Fast Slow Food 51
Mido Café 120
Mrs Pound 35-36

N

Nathan Congee and Noodle 120

O

Osama Tony 115
Otto e Mezzo Bombana 37-38

P

Pak Kee 90
Peak Lookout 43
Po Lin Vegetarian 127
Pure Veggie House 36

S

San Xi Lou 36
Sei Yik 90-91
Ser Wong Fun 52
Serge et le Phoque 74
Seventh Son 73
Spring Deer 106
Sun Sin 119

T

Tai Cheong Bakery 53-54
Tak Fat Beef Balls 107
Teakha 29
The Boss 36-37
Tim Ho Wan 38

V

Verandah 85

W

Woo Cow 108
Woodlands 108

Y

Yè Shanghai 106
Yoga Interactive Vegetarian 106

Yu 63
Yue Hing 53
Yum Cha 105
Yung Kee Restaurant 73

Dónde beber

A
Amuse 108
Angel's Share Whisky Bar 53
Aqua 108-109

B
Ben's Back Beach Bar 91
Boo 121
Botanicals 74
Butler 108

C
Cafe Corridor 75
Cafe Deadend 38
Club 71 47

D
Dragon-i 54

E
Elephant Grounds 76

G
Globe 55

I
InterContinental Lobby Lounge 109

K
Kubrick Bookshop Café 121
Kung Lee 47

L
Lung Wah Tea House 140

M
Macau Soul 139
MyHouse 76

Q
Quinary 55

R
Roundhouse Taproom 47

S
Sevva 38
Single Origin 140
Smugglers Inn 91
Stockton 46
Stone Nullah Tavern 77
Studio 54

T
Tai Lung Fung (Lan Kwai Fong) 47
Tai Lung Fung (Wan Chai) 75
Tazmania Ballroom 47
Ted's Lookout 77
Tivo Bar 47
T:ME 55

Ocio

Broadway Cinematheque 121
Canton Singing House 122
Focal Fair 77
Fringe Club 56
Hong Kong Arts Centre 78
Jyut Wan Go Zo 122
Peel Fresco 56
Senses 99 55
Street Music Concert Series 77
Studio City 140
TakeOut Comedy Club 56

De compras

A
Arch Angel Antiques 56
Armoury 41

C
Chan Shing Kee 39
Chan Wah Kee Cutlery Store 122
Cunha Bazaar 141

E
Eslite 79

F
Fang Fong Projects 57
Fashion Walk 80
Flow 57

G
Gallery of the Pottery Workshop 41
G.O.D. 57, 93
Grotto Fine Art 57

H
Harbour City 110
herboristerías medicinales 144
Hola Classic 78-79
Horizon Plaza 93

I
IFC Mall 35
Initial 109

J
Jugueterías de Tai Yuen Street 79

K
K11 Select 110
Kapok 79
Karin Weber Gallery 57

L
Lam Gallery 58
Lam Kie Yuen Tea Co 39
Linva Tailor 58
Livraria Portuguesa 141

M
mercado de jade 122
mercado de las mujeres 122-123
mercado de pescado al por mayor de Aberdeen 87
mercado de Stanley 85

N
Numb Workshop 80

P
Picture This 41
PMQ 58-59

R
Rise Shopping Arcade 110

S

Shanghai Street 122
Shanghai Tang 41
Sino Centre 123
Swindon Books 110

T

Tai Yuen Street 79
tiendas de antigüedades 145
tiendas de ginseng y nidos de aves 144-145
tiendas de incienso de Queen's Road West 38-39
tiendas de marisco seco 144

W

Wan Chai Computer Centre 80
Wattis Fine Art 59

Y

Yiu Fung Store 79
Yue Hwa Chinese Products Emporium 123

Los autores

Piera Chen

Coordinadora Cuando no viaja, Piera divide su tiempo entre Hong Kong (su ciudad natal), Taiwán y Vancouver. Es autora de más de una docena de guías de viaje y ha colaborado en varios libros viajeros. Visitó mucho Taiwán y China; después, el sureste asiático, donde trabajaba su padre. Pero en su primer viaje a Europa, cuando contempló Roma, pensó que eso es lo que quería hacer cada día. Y así ha sido.

Emily Matchar

Emily ha colaborado en las guías *USA*, *Trips: The Carolinas, Georgia and the South*, *Mexico*, *Canada*, *New England*, y en *Best in Travel 2010*. También escribe sobre viajes, aventuras y gastronomía para *Men's Journal*, *Outside*, *Gourmet*, *Chow*, *Forbes Life*, *BBC History*, *AOL Food* y muchas otras. Cuando no está ocupada evaluando barbacoas en Memphis, paseando por mercados nocturnos en Laos o deambulando por Nueva Zelanda, es fácil encontrarla comiendo bocadillos de pollo en Chapel Hill.

geoPlaneta
Av. Diagonal 662-664 08034 Barcelona
viajeros@lonelyplanet.es
www.geoplaneta.com - www.lonelyplanet.es

Lonely Planet Global Limited
Lonely Planet Global Limited, Unit E, Digital Court,
The Digital Hub, Rainsford Street, Dublín 8, Irlanda
(oficinas también en Reino Unido, Estados Unidos y Australia)
www.lonelyplanet.com
Contacta con Lonely Planet en http://lonelyplanet.com/contact

Hong Kong De cerca
4ª edición en español – septiembre del 2017
Traducción de *Pocket Hong Kong*,
6ª edición – mayo del 2017

Editorial Planeta, S.A.
Av. Diagonal 662-664, 7º. 08034 Barcelona (España)
Con la autorización para la edición en español de Lonely Planet Global Ltd A.B.N. 36 005 607 983, Lonely Planet Global Limited, Unit E, Digital Court, The Digital Hub, Rainsford Street, Dublín 8, Irlanda

ISBN: 978-84-08-17063-1
Depósito legal: B. 2.536-2017
Impresión y encuadernación: Unigraf
Printed in Spain – Impreso en España